Helmut Lamparter

Wie eine Fackel brannte sein Wort

Helmut Lamparter

Wie eine Fackel brannte sein Wort

Eine Auslegung der Elia-Texte

Verlag Ernst Franz Metzingen Württ.

4. Auflage 1981

Schutzumschlag von Robert Eberwein

Fotomechanischer Nachdruck

Copyright by Franz-Verlag 1956

ISBN 3-7722-0021-4

Printed in Germany

HANS ZIEGLER

Pfarrer und Vorsteher der Ev. Diakonissenanstalt Stuttgart

in dankbarer Freundschaft

Der Prophet Elia brach hervor wie ein Feuer,
und wie eine Fackel brannte sein Wort

Jesus Sirach

Vorwort

»Im Alten Testament gibt es Menschen, Dinge und Reden
in einem so großen Stile, daß das griechische und indische
Schrifttum ihm nichts zur Seite zu stellen hat. Freilich wer
nur ein dummes, zahmes Haustier ist und nur Haustier-
bedürfnisse kennt, der hat unter jenen Ruinen weder sich
zu verwundern noch gar zu betrüben. Der Geschmack am
Alten Testament ist ein Prüfstein im Hinblick auf groß und
klein.« Dieses Urteil von Friedrich Nietzsche gilt in besonderer Weise für den Zyklus der Elia-Geschichten. Die vor-
liegende Auslegung geht auf biblische Vorträge zurück, die
im Winterhalbjahr 1955/56 in verschiedenen Gemeinden in
und um Stuttgart gehalten wurden. Sie will allen, denen
diese gewaltigen Texte fremd oder auch allzu vertraut geworden sind, dazu helfen, ihre Botschaft neu zu hören.

Unter dem Eindruck, daß der lebendige Gott, wie ihn die
Heilige Schrift bezeugt, in unsrem eigenen Volk und Land
in erschreckender Weise mit einem christlich geschminkten
Baal verwechselt wird, wendet sich diese Schrift an das Gewissen aller, die sich darüber täuschen oder darunter leiden.

> Die falschen Götzen macht zu Spott!
> Der Herr ist Gott, der Herr ist Gott.
> Gebt unsrem Gott die Ehre!

In der Fastenzeit 1956

Dr. Helmut Lamparter

So wahr der Herr, der Gott Israels, lebt!

Vor einiger Zeit wurde im Heiligen Land auf dem Berg Karmel ein Denkmal des Propheten Elia eingeweiht, das von der Hand frommer Mönche errichtet wurde. Ein *Denkmal des Elia* — warum auch nicht? Der Mann ist es wert, daß man ihn im Volke Gottes nicht vergißt. Unter den Boten, die Gott seinem Volk gesandt hat, ist Elia zweifellos der *größten* einer. Nicht nur daß er sich zu seiner Zeit mit einsamer Kühnheit und heiliger Leidenschaft dem Abfall und der Verführung entgegenwarf und eine Lawine frivolen Übermuts zum Stehen brachte. Noch zur Zeit Jesu hat man so groß von ihm gedacht, daß man seine Wiederkunft erwartet hat. Diese Erwartung war nicht aus der Luft gegriffen. Sie beruhte vielmehr auf der Weissagung, die im Buch des Propheten Maleachi geschrieben steht: »Siehe, ich sende euch den Propheten Elia, ehe der große und furchtbare Tag des Herrn kommt« (Maleachi 3, 5). Jesus selbst sah diese Weissagung bekanntlich in der Gestalt Johannes des Täufers erfüllt. Aber daß er diesen Johannes, der ihm, dem König aller Könige, die Gasse brach und nach seinem Urteil der Größte war, der je von einem Weibe geboren wurde, einen zweiten »Elia« nannte (Matthäus 17, 12), ist ein eindrucksvolles Zeugnis für die überragende Wertschätzung, die der Sohn Gottes gerade diesem Propheten erwiesen hat. Auch wenn Elia selber nicht sichtbar wiederkam, so hat er doch den Weg des Herrn begleitet. Wir denken an die Stunde der Verklärung Jesu auf dem Berg Tabor vor den Augen seiner erwählten Zeugen. »Und siehe, es erschienen ihnen Mose und Elia, die mit ihm redeten« (Matthäus 17, 3). *Elia ist nicht tot!* Das zeigt diese geheimnisvolle Geschichte mit aller Deutlichkeit. Wie er damals dem Sohne Gottes zur Seite trat, so gewiß hat er heute einen Ehrenplatz an seinem Thron. Das alles ist Grund genug, um dieses Propheten in Ehrfurcht zu gedenken. Nicht nur in der Bibel, auch in unsren Herzen gebührt ihm ein Ehrenplatz.

Dennoch kann dies — ein Denkmal des Elia — *nicht* die eigentliche Absicht unsrer Besinnung sein. Warum nicht? Darum nicht, weil die Kirche Christi kein Museum, sondern eine Werkstatt des lebendigen Gottes ist. Hier ist nicht der Ort, die Gräber der Propheten zu schmücken, hier geht es nicht nur um die pietätvolle Pflege großer und heiliger Erinnerungen, sondern darum geht es, daß wir hören, was uns der lebendige Gott *heute* durch das Wort, das er seinen Knechten, den Propheten, in den Mund legte, zu sagen hat. Ein »Denkmal« vermag uns diesen Dienst nicht zu leisten. Man schaut es an, nachdenklich, mit einer gewissen Ergriffenheit vielleicht; aber dann geht man seiner Wege, vorbei — frag nicht: wohin? Ein Denkmal regt niemand auf, es zwingt niemand, seinen Kurs zu ändern. Wir müssen uns aber darauf gefaßt machen, daß diese Begegnung mit Elia eine *aufregende* Sache wird. Es kann sein, daß sie uns zwingt, unsre bisher gewohnten Wege und Geleise, sie seien fromm oder gottlos, zu verlassen und jene Wendung um 180 Grad zu vollziehen, welche die Heilige Schrift Buße und Glauben nennt.

Es kommt hinzu, daß sich gerade der Prophet Elia zu diesem pietätvollen Mißverständnis schlechterdings nicht eignet. Im Buch des Jesus Sirach, einer apokryphen Schrift des Alten Testaments, heißt es von ihm: »Und der Prophet Elia brach hervor wie ein *Feuer,* und sein Wort brannte wie eine *Fackel;* und er brachte die teure Zeit über sie und machte sie geringer an der Zahl durch seinen Eifer. Denn durch das Wort des Herrn schloß er den Himmel zu; dreimal brachte er Feuer herab. O wie herrlich bist du gewesen, Elia, mit deinen Wunderzeichen! Wer ist so herrlich wie du? Durch das Wort des Höchsten hast du einen Toten auferweckt und wieder aus der Hölle gebracht. Du hast Könige gestürzt und umgebracht und Propheten nach dir verordnet. Du bist weggenommen in einem Wetter mit einem feurigen Wagen und Rossen...« (Sirach 48, 1—12).

Wer ist Elia? Eine Stimme Gottes, ein Sturm- und Warnvogel vor dem aufziehenden Gewitter des Gerichts. Er brach hervor wie ein Feuer und sein Wort brannte wie eine Fackel, so haben wir gehört. Gottes Hand hat diese Fackel in Brand gesteckt und dazu benützt, um über das abgöttische Regime des Königs Ahab und seines Weibes Isebel sein Urteil zu vollstrecken. Nahezu dreitausend Jahre trennen uns von der Zeit, da dieser Prophet aufstand und seine Stimme erhob. Aber sobald wir erkennen, *wer* hier redet, sinken sie in nichts zusammen. Ein Werkzeug des Herrn ist Elia, eine brennende Fackel in Gottes Hand — desselben Gottes, der heute Gewalt hat über alle, die auf Erden wohnen, und vor dem tausend Jahre sind wie der Tag, der gestern vergangen ist, und wie eine Nachtwache (Psalm 90, 4). Deshalb ist, was dieser Mann Gottes zu sagen hat, so aktuell wie nur je. *Elia begegnen, heißt dem lebendigen Gott begegnen!* Und es wird sich zeigen, daß dieser Gott Elias ein eifriger Gott ist, der sich nicht ungestraft verdrängen und verwerfen läßt. Er wacht über seiner Ehre. Er kämpft um die Alleingeltung seines Namens. Gleich einer lodernden Flamme entbrennt sein Zorn. Zu Boden stürzen seine Verächter, wenn er sein Feuer vom Himmel schleudert. Von diesem Eifer Gottes ist dieser Prophet in ganz besonderer Weise erfaßt und durchglüht. Alles an ihm ist Leidenschaft.

Schon der erste Satz, den wir aus dem Mund Elias hören, ist ein Beweis dafür: *»So wahr der Herr, der Gott Israels, lebt, vor dem ich stehe*...« so beginnt sein Drohwort an den König Ahab. Im Unterschied zu andern Gottesboten wird uns von Elia nirgends erzählt, wann, wie und wo er von Gott berufen wurde. Nur eine kurze Notiz über seinen Heimatort Thisbe in Gilead ist beigefügt. Von Ahab wissen wir, daß er im Jahr 875 v. Chr. König wurde und zweiundzwanzig Jahre, bis zum Jahr 854 v. Chr., über das Nordreich Israel regiert hat. In diesen Zeitraum fällt das Auftreten unseres Propheten. Urplötzlich steht er da, wie aus dem Boden gestampft, und kündigt dem König das Strafgericht Gottes an. Er macht sofort deutlich, daß er nicht in eigener Sache redet. Auf den Herrn (Jahwe), den Gott Israels beruft er sich, nicht auf irgend einen Gott, sondern auf den Gott, der zu den Vätern geredet und mit Israel einen Bund geschlossen hat. Es ist der Gott der Patriarchen und Propheten, der Gott und Vater Jesu Christi, der einzig wahre, allein lebendige Gott. Daß dies erkannt werde, darum geht der große Kampf, der mit dem Namen und Schicksal des Elia verbunden ist, und es wird sich zeigen, daß die Frontlinie, an der hier gekämpft wird, mitten hindurchgeht durch die Christenheit, nicht nur gestern, sondern heute und bis an den Jüngsten Tag, an dem sich vor diesem Gott und seinem Gesalbten aller Knie beugen werden. Ja, sie geht hindurch mitten durch unser Herz! Hören wir also, was der lebendige Gott durch den Mund Elias, des Thisbiters, heute zu sagen hat! Wir werden darüber nicht mehr so schnell ruhig werden.

Die große Dürre

Im achtunddreißigsten Jahre Asas, des Königs von Juda,
wurde Ahab, der Sohn Omris, König über Israel und re-
gierte zweiundzwanzig Jahre zu Samaria über Israel.
Und Ahab tat, was dem Herrn mißfiel, und trieb es ärger
als alle, die vor ihm gewesen waren. Es war noch das
geringste, daß er in den Sünden Jerobeams, des Sohnes
Nebats, wandelte. Er nahm sogar Isebel, die Tochter Eth-
baals, des Königs der Sidonier, zum Weibe und ging hin
und diente dem Baal und betete ihn an.

Da sprach Elia, der Thisbiter, aus Thisbe in Gilead, zu
Ahab: »So wahr der Herr, der Gott Israels, lebt, vor dem
ich stehe, es wird in diesen Jahren weder Tau noch Re-
gen fallen, ich sage es denn!« Und es erging an ihn das
Wort des Herrn: »Gehe von hinnen und wende dich gen
Osten! Verbirg dich am Bache Krith, der östlich vom
Jordan fließt! Aus dem Bach kannst du trinken, und den
Raben habe ich geboten, dich daselbst zu speisen.« Und
er tat nach dem Wort des Herrn; er ging hin und blieb
am Bache Krith, der östlich vom Jordan fließt. Und die
Raben brachten ihm Brot am Morgen und Fleisch am
Abend, und er trank aus dem Bach.

Es begab sich aber nach einiger Zeit, daß der Bach aus-
trocknete; denn es fiel kein Regen im Lande. Da erging
an ihn das Wort des Herrn: »Mache dich auf und geh
nach Sarepta, das zu Sidon gehört, und bleibe daselbst;
siehe, ich habe dort einer Witwe geboten, daß sie dich
speise!« Und er machte sich auf und ging nach Sarepta.

Als er an das Stadttor kam, siehe, da war dort gerade eine Witwe am Holzlesen. Er rief sie an und sprach: »Hole mir ein wenig Wasser im Krug, daß ich trinke!« Wie sie nun hinging, es zu holen, rief er ihr nach: »Bringe mir doch auch einen Bissen Brot mit!« Aber sie sprach: »So wahr der Herr, dein Gott, lebt, ich habe nichts Gebackenes, sondern nur noch eine Handvoll Mehl im Topf und ein wenig Öl im Krug. Nun lese ich ein paar Stücke Holz zusammen; dann gehe ich heim und bereite es zu für mich und meinen Sohn, und wenn wir es aufgegessen haben, müssen wir sterben.« Elia sprach zu ihr: »Sei ohne Sorge! Geh heim und tue, wie du gesagt hast; doch mache mir davon zuerst einen kleinen Fladen und bringe es mir heraus! Für dich und deinen Sohn magst du hernach etwas machen. Denn so spricht der Herr, der Gott Israels: ,Das Mehl im Topf soll nicht ausgehen, und das Öl im Krug soll nicht versiegen, bis zu dem Tag, da der Herr dem Land Regen spendet'.« Da ging sie hin und tat, wie Elia gesagt hatte; und sie hatten zu essen, sie und er und der Knabe, Tag für Tag. Das Mehl im Topf ging nicht aus, und das Öl im Krug versiegte nicht nach dem Wort, das der Herr durch Elia geredet hatte.

(1. Könige 16,29 bis 17, 16.)

Zum erstenmal stehen sie einander gegenüber, Auge in Auge, *Ahab* und *Elia*. Elia haben wir schon ein wenig kennen gelernt; er ist — nach seinen eigenen Worten — *ein Mann, der vor Gott steht.* Er rechnet mit Gottes lebendiger Macht und Wirklichkeit. Er hat ihn, den Unsichtbaren, vor Augen, als sähe er ihn. Er hängt an seinen Lippen und horcht auf seine Befehle wie ein Knecht, der seinem Herrn Tag und Nacht zu Diensten steht. Ein seltener Fall, solch

ein Mensch, damals und heute! Vermutlich haben wir aller-
meist, bewußt oder unbewußt, einen ganz anderen Stand-
ort gewählt. Wo kann man nicht stehen in dieser Welt: Vor
dem Spiegel, in sein eignes Bild vernarrt, vor den Menschen, auf ihre Anerkennung, ihren Beifall bedacht, vor
dem Geldschrank, vor dem Gebot der Pflicht, vor einem
selbstgewählten Ideal oder auch vor dem — Nichts! Viele
Spielarten sind hier möglich, je nach Geschmack und Lebensführung. Elia ist ein Mann, der vor Gott steht. Nicht
auf seine eigne Sicherheit bedacht, auf sein Behagen und
Wohlergehen, nicht am Urteil der Menschen orientiert,
nicht in seine eignen Ideen verrannt, sondern ganz von der
Frage beherrscht, wie er Gott recht sei, und eben deshalb
unabhängig und frei von allen falschen Bindungen und
Rücksichten. Von *Ahab* dagegen erfahren wir, daß er in den
zweiundzwanzig Jahren seiner Regierungszeit mehr tat,
den Herrn, den Gott Israels, zu erzürnen, als alle Könige
Israels, die vor ihm gewesen waren. Es wäre interessant,
den Charakter, die grundverschiedene Lebensrichtung dieser beiden Männer zu studieren, die hier so scharf aufein-
ander stoßen: Ahab, der den Glauben seiner Väter hinter
sich wirft und den wahren, lebendigen Gott mit dem Kult
des Baal vertauscht, und Elia, der hier im Namen Gottes
einen Angriff beginnt, der ihn in einen Kampf auf Tod und
Leben verwickelt hat. Aber wir wollen nicht bei den Menschen stehen bleiben; auf den Herrn, der über beide, Prophet und König, Herr und Richter ist, sollen unsre Augen
gerichtet sein. Darum stellen wir an diese Eliageschichten
die Frage: Was sagen sie uns über den lebendigen Gott,
dem beide, Prophet und König (und nicht nur sie!) unterworfen sind? Wir wollen versuchen, diese *Botschaft* der
Geschichten jeweils in einen kurzen, behältlichen Reim zu
fassen:

Gott läßt sich nicht verdrängen,
Abfall gebiert den Tod;
er kennt, die an ihm hängen,
gibt Trank, Asyl und Brot.

Gott läßt sich nicht verdrängen

Damals nicht und heute nicht! Damals war es der König Ahab, der diesen fatalen Versuch unternommen hat. Er war ein Mann, der sich aufs Leben und auf die große Politik verstand. Im Urteil seiner Zeitgenossen stand er hoch im Kurs. Er hat die Stadt Samaria gekauft, zu seiner Residenz gemacht und sie mit prächtigen Bauten geschmückt. Als Herrscher hat er sich mit staatsmännischer Klugheit auf dem glatten Parkett der Politik bewegt. Es ist ihm gelungen, mit dem Nachbarstaat der Phönizier, die den Zugang zum Meer beherrschten, diplomatische Beziehungen anzuknüpfen. Handel und Wirtschaft blühten auf. Die Krönung seiner Bemühungen um eine machtvolle und glanzvolle Position war seine Heirat mit Isebel, der phönizischen Prinzessin. Vielleicht hat er dabei sein Recht auf Liebe sogar der Staatsraison geopfert. Was will man von einem Herrscher mehr verlangen? König Ahab hält sich schadlos, indem er sich zu seinem Privatvergnügen einen Marstall voll herrlicher Pferde kauft. Warum auch nicht? So etwas imponiert den Menschen. Man ist stolz auf den König Ahab in Israel. Aber Gott gefallen seine Wege nicht. Er mißt mit anderen Maßen. Ein Schandfleck ist Ahab in seinen Augen, ein *Verführer in großem Stil,* schlimmer noch als Jerobeam! Er macht das Maß der Sünden seiner Väter voll, und zwar ist es gerade diese Heirat mit Isebel, der phönizischen

Königstochter, die ihm und seinem Volk zum Fallstrick wird; denn Isebel bringt ihre Götter mit, den Kult des Baal und der Aschera, und mit ihnen halten die Priester ihren Einzug, zu Hunderten, die nun das Feuer entzünden an heidnischen Altären. Warum auch nicht, so möchte wohl mancher fragen; ist es denn nicht schön und gut, daß die Königstochter von Sidon etwas auf ihren Glauben hält? Schließlich ist es ja nicht so wichtig, unter welchen Namen und Symbolen die Gottheit verehrt und gepriesen wird. Baal oder Jahwe (wie man in Israel Gott nannte) — was liegt daran? »Gefühl ist alles, Name ist Schall und Rauch, umnebelnd Himmelsglut« (Goethe). Ein sehr berühmtes Wort, das die religiöse Einstellung vieler zum Ausdruck bringt.

Nicht als ob Ahab den Glauben seiner Väter einfach über Bord geworfen hätte. Er ist kein Spötter wie Belsazar, geschweige denn ein Atheist modernen Schlags. Nur dies ist *seine Sünde,* daß er zugleich und neben dem Gott Israels dem Baal der Phönizier in Samaria einen Tempel und Altar errichtet. Sein Beispiel macht Schule, zumal er die fremden Priester seiner Protektion versichert. So geschieht's, daß der alte, rechte Glaube in kurzer Zeit rings im Land von dem neuen, heidnischen Kult überwuchert wird. Dies ist die Sünde Ahabs: Die Alleinherrschaft Gottes über sein Volk wird nicht mehr anerkannt, das *erste Gebot* außer Kraft gesetzt. Gott, der wahre, lebendige Gott, wird um den Platz betrogen, der ihm gebührt. Er wird von der Mitte *an den Rand gedrängt.* Es braucht nicht viel, daß dies geschieht, weder einen Hofstaat noch eine Krone noch eine Königstochter. Meist genügt schon eine Handvoll Wohlleben und ein Fingerhut voll Sicherheit, und schon vergißt der Mensch, daß dies seine Vollkommenheit ist, daß er Gottes bedarf. Der lebendige Gott verschwindet hinter dem eignen

Konjunktur- und Erfolgsprogramm. Er wird zwar nicht schlechtweg geleugnet, aber er hat nichts mehr zu sagen im praktischen Lebensvollzug, und gar nicht selten hat bei diesem Verdrängungsprozeß schon die Heirat mit einem ungläubigen oder andersgläubigen Partner eine sehr verhängnisvolle Rolle gespielt. Der Gott der Bibel ist schnell vergessen; ihn aus dem Bewußtsein zu verdrängen — nichts leichter als das! Aber verdrängst du ihn ungestraft, König Ahab und alles Volk im Lande? — Nein, sagt unsre Geschichte. Es ist ein Nein von erschütternder Gewalt. Gott läßt sich nicht verdrängen!

Abfall gebiert den Tod!

Nicht von heut auf morgen, so nicht. Jahrelang geht alles glatt und flott im Leben Ahabs, trotz Baal, trotz Isebel. Und der Herr, der im Himmel wohnt, macht scheinbar gute Miene zum bösen Spiel. Aber dann, eines Tages, steht er da: Elia, der Thisbiter, der *Bote des Gerichts.* »Und es sprach Elia, der Thisbiter, aus den Bürgern Gileads, zu Ahab: ,So wahr der Herr, der Gott Israels, lebt, vor dem ich stehe, es soll diese Jahre weder Tau noch Regen fallen, ich sage es denn!'« Es klingt wie Wahnwitz und Vermessenheit. Kann auch ein Mensch den Wolken gebieten, den Himmel verschließen, Tau und Regen von der Erde verbannen? Was hat er für eine *unheimliche Macht,* dieser Elia, der da plötzlich auftaucht wie ein drohender Komet am Horizont? »Elia war ein Mensch, und er betete ein Gebet, daß es nicht regnen sollte, und es regnete nicht auf Erden drei Jahre und sechs Monate« — so lesen wir im Jakobusbrief (5, 17). Ein unbegrenztes Vertrauen in die Macht des

Gebets steht dieser Auslegung zufolge hinter dem drohenden Gerichtswort, das Elia dem König überbringt. Ein Beter hat sich der Verführung und dem Abfall entgegengeworfen: Herr, tue Einhalt! Zeige den Abtrünnigen, wie sehr sie nach wie vor allein von deiner Macht und Güte ihr Leben fristen! Gott hat seinem Knecht geantwortet. Ahab soll sein Zeichen bekommen und mit ihm alles Volk im Lande. In dieser Gewißheit betritt Elia den Palast des Königs und händigt ihm wie ein Botschafter die Kriegserklärung Gottes aus. Der lebendige Gott schaltet sich ein, der verdrängte Gott Israels!

Er hat viele Mittel, um sich in Erinnerung zu rufen. Hier verschließt er den Himmel wie eine eherne Wand. Zu Noahs Zeiten rief er dem Wasser und überflutete die Erde. Als Pharao ihm trotzte und Sanherib ihn lästerte, schickte er die Pestilenz. Als Jona vor ihm floh, jagte er ihm nach über das Meer im wilden Orkan. Als Paulus in der Stadt Philippi mit Silas im Gefängnis lag, bebte die Erde um Mitternacht. *Gott hat viele Weisen, sich ins Gedächtnis zu bringen:* Eine Krankheit, ein Telegramm mit einer Hiobsbotschaft, ein Todesfall, ein Ende mit Schrecken im Verkehrsgewühl — plötzlich stocken unsre hochfahrenden Pläne. Über Nacht sieht alles anders aus, und wir erkennen wieder, wie wenig wir selbst unsres Lebens und unsrer Zukunft mächtig sind. Der Versuch, diesen Gott zu verdrängen, auszuschalten, erweist sich als eine Fehlspekulation ersten Rangs. Er behält uns alle in seiner Gewalt, und diese Abhängigkeit streift keiner ab. Hier in unsrer Geschichte genügt's, daß er eine Zeitlang den Himmel zuschließt, so daß weder Tau noch Regen mehr auf die Erde fällt. Was ist die Folge? — Die Quellen versiegen, die Bäche und Flüsse versanden, die Gärten und Felder verdorren, das Wasser wird rar, das Brot wird teuer; der Handel stockt, der Hunger geht um, und das stolze Reich des Ahab treibt der Katastrophe zu.

Vermutlich hat der König die Drohung des Elia zunächst verlacht und in den Wind geschlagen. Er glaubte wohl, einen verrückten Schwärmer gehört zu haben. Er schüttelte sich, ließ ihn laufen und kehrte zu seinen Geschäften zurück. Aber bald kam die Zeit, da ihm das Lachen verging, denn er mußte erfahren, daß mit den Drohungen Gottes nicht zu spaßen ist. Wer sie in den Wind schlägt, der sehe wohl zu, was er erntet! Es muß zwar nicht so sein, daß kein Tropfen Regen mehr vom Himmel fällt und buchstäblich das Land verdorrt, obwohl auch dies, Hungersnot und teure Zeit, für unsre Generation keine fremden Begriffe sind. Die *große Dürre* stellt sich ein, so oder so, sobald wir Gott verdrängen und die Quelle des Lebens verlassen. Sage doch keiner, daß wir dies nicht kennen: Herzen, in denen der Glaube verdorrt! Ehen, in denen die Liebe verdorrt! Gemeinden, in denen das Leben verdorrt! Menschen, über deren inwendigen Zustand man das Wort Nietzsches schreiben müßte: »Weh dem, der Wüsten birgt!« Der Abfall von dem lebendigen Gott rächt sich unweigerlich; zunächst in der Weise, daß er die inwendige Dürre, den geistlichen Tod im Gefolge hat, dann aber so, daß dieser geistliche Tod hineinführt in jenen furchtbaren Zustand der Verlorenheit, den die Bibel mit dem Wort »ewiger Tod« beschreibt. Hier folgt eins aus dem andern mit einer unerbittlichen Folgerichtigkeit: Der Abfall von Gott gebiert die Dürre, die Dürre aber gebiert den Tod.

Gott kennt, die an ihm hängen

So ernst und drohend die Geschichten um Elia beginnen, so hat doch schon dieser erste Elia-Text eine wunderbare, tröstliche *Kehrseite*. Wie *herrlich* und wie *treu* ist derselbe Herr, der über Ahab und seinem Land den Himmel verschloß, um Elia, seinen Knecht besorgt! »Und das Wort des Herrn kam zu Elia und sprach: ‚Gehe von hinnen und wende dich gen Osten! Verbirg dich am Bache Krith, der östlich vom Jordan fließt! Aus dem Bach kannst du trinken, und den Raben habe ich geboten, dich daselbst zu speisen'.« Elia gehorcht. Er flieht außer Landes, und es ist hohe Zeit; denn dem König ist das Lachen vergangen. Er läßt nach dem unheimlichen Warner fahnden und hat einen Preis auf seinen Kopf gesetzt, um seiner habhaft zu werden. Aber sein blinder Zorn greift ins Leere. Elia ist wie vom Erdboden verschluckt. Gott hat ihn *verborgen* zur rechten Zeit. Und während draußen das Land verdorrt, das Wasser rar und das Brot teuer wird, trinkt der Prophet von dem Bach in der schattigen Felsenschlucht, und die Raben, ausgerechnet die Raben, dieses neidische, gefräßige Gesindel, müssen die Kellner Gottes sein. Zweimal am Tag, des Morgens und des Abends, decken sie auf Gottes Geheiß Elia den Tisch, ein Stück Brot und einen Happen Fleisch im Schnabel, das sie abwerfen über seinem Lagerplatz in der Einöde. Es ist jeden Tag eine neue *Glaubensprobe:* Ob sie auch kommen und wieder etwas mitbringen? Elia lebt buchstäblich von der Hand (und zwar von der Hand Gottes!) in den Mund. Aber Gott läßt ihn nicht verhungern. Er behält seinen Knecht fest im Auge, zum Zeichen, daß denen, die sich um seine Ehre sorgen, alles zufällt, dessen sie bedürfen. »Siehe, des Herrn Auge sieht auf die, so ihn fürchten, die auf seine Güte hoffen, daß er ihre Seele errette vom Tode und ernähre sie in der Teuerung« (Psalm 33, 18. 19). Es geht zwar nicht üppig zu in dieser Schenke Gottes am Bache Krith, aber Elia empfängt, was er zu seiner Notdurft bedarf.

Nach einiger Zeit ist freilich auch dieses kleine Rinnsal versiegt. Aber *Gottes Plan liegt schon bereit:* »Mache dich auf und geh nach Sarepta, das zu Sidon gehört, und bleibe daselbst; siehe, ich habe dort einer Witwe geboten, daß sie dich speise!« Das klingt nicht sehr ermutigend. Was kann schon eine *Witwe,* die selbst den Ernährer verloren hat, einem fremden Manne in solchen Zeiten vorsetzen, in denen der Hunger an alle Türen klopft! Was sind das für merkwürdige Wege Gottes! Nach unsrem Ermessen macht er wieder einmal alles falsch. Und wirklich, es steht schlimm um diese Witfrau in Sarepta, schlimmer noch, als Elia befürchten konnte. Sie ist völlig am Rande! Eine Handvoll Mehl, ein wenig Öl im Krug — das ist das einzige und letzte, das sie noch im Hause hat. Elia trifft sie an, wie sie vor dem Stadttor ein Bündel Reisig zusammenliest, um damit für sich und ihren Sohn die »Henkersmahlzeit« zu bereiten. Am besten, du drehst gleich wieder um, Elia; hier hast du nichts zu hoffen, diesmal hat dich Gott bestimmt an die falsche Adresse geschickt. So möchten wir denken, wenn wir uns (soweit uns das in unsrem Wohlleben überhaupt noch gelingt) die trostlose Notlage dieser bettelarmen Frau vergegenwärtigen. Aber Elia zweifelt nicht, daß er dennoch an der *richtigen Adresse* ist. Wenn Gott dieser Witwe geboten hat, ihn zu versorgen, so stellt er auch die Mittel bereit; denn Gott befiehlt nichts, ohne selbst das Vermögen darzureichen. Schon dies, daß diese Heidenfrau bereit ist, ihren letzten Bissen mit ihm zu teilen, ist ein Zeichen dafür, daß Gott ihr Herz regiert. Sie soll erfahren, was jeder erfahren kann, daß das Teilen nicht ärmer macht.

»Denn so spricht der Herr, der Gott Israels: ‚Das Mehl im Topf soll nicht ausgehen, und das Öl im Krug soll nicht versiegen, bis zu dem Tag, da der Herr dem Land Regen spendet‘.« Das ist freilich überaus merkwürdig und wunderbar. Wollen wir klügeln und diesen Zug der Geschichte ins Reich der Fabel verweisen, weil das, was hier geschieht, mit der Vernunft nicht mehr zu fassen ist? Es gibt Leute, die solches tun und sich dabei sehr geistreich vorkommen. Aber sie haben keine Ahnung von dem lebendigen Gott und seiner Schöpferkraft. Er, der Himmel und Erde und alle Kreatur durch sein Wort aus dem Nichts erschuf, ist wohl imstande, auch einer armen Witwe Truhe und Krug zu füllen. Nichts leichter als das! *Er hat viel tausend Weisen, zu retten aus dem Tod,* und die Witwe von Sarepta ist nicht die einzige, die solches handgreiflich erfahren hat. Treulich und wunderbar werden die drei, Elia, die Witwe und ihr Sohn, gespeist und getränkt und hindurchgebracht durch die böse, teure Zeit. Sie bilden zusammen eine kleine Hausgemeinde mitten im Heidenland und, stünde die Geschichte im Neuen Testament, möchte man wohl das Wort darüberschreiben: Wo zwei oder drei beisammen sind in meinem Namen, da bin ich mitten unter ihnen. Erkennet doch, daß der Herr seine Heiligen wunderbar führt (Psalm 4, 4)! Er kennt, die an ihm hängen,

Gibt Trank, Asyl und Brot

Das Mehl im Topf ging nicht aus und das Öl im Krug versiegte nicht — was für ein Kontrast zu dem, was in und um Ahabs Palast geschieht! Er hatte die Fülle, dieser König Ahab, Reichtum und Ehre, Palast und Krone, Diener und

Rosse, alles, was nur ein Herz begehrt; aber er hat den rechten, lebendigen Gott aus seinem Leben und Land verdrängt. Nun muß er *darben.* Um ihn wächst die Wüste. Kaum, daß er noch das nötige Wasser auftreibt, damit seine kostbaren Pferde saufen können. Gottes gewaltige Hand ist wider ihn Tag und Nacht. Elia hatte nichts als das Wort, das ihm Gott in den Mund gelegt hatte, und den Stab, mit dem er über den Jordan ging. Er wurde außer Landes gedrängt. In einer unwirtlichen Schlucht, hernach bei einer bettelarmen Witwe fand er notdürftig Unterschlupf. So war er buchstäblich an den Rand gedrängt; *aber wer mit Gott am Rande ist, ist immer noch reich.* Er hat eine Quelle, die nicht versiegt, und eine Speise, die sich nicht verzehrt. Gott selbst bleibt ihm mit seiner ganzen Wundermacht, Barmherzigkeit und Treue an der Seite. Wir brauchen dabei nicht nur an die irdischen Gaben zu denken, mit denen wir unser leibliches Leben fristen, obwohl auch dies ein wichtiger Gedanke, ein sehr realer Trost ist, daß sich Gott um den Ölkrug und die Mehltruhe einer Witwe kümmert. Das Milchgeld und das Schulgeld, der Holz- und Kohlenkeller, die Schuhsohlen und der Mietzins: das alles ist ihm nicht zu wenig, daß er, der Vater der Witwen und Waisen, nicht dafür Sorge tragen wollte. Aber, was nicht minder groß und wunderbar ist, ist dies, daß unser inwendiger Mensch bewahrt bleibt vor dem Darben und Verderben. Da ist das *Brot des Lebens,* das sich nie verzehrt, und der *Kelch des Heils,* der nimmer versiegt, wo Gott, der lebendige Gott und Vater Jesu Christi, nicht an den Rand gedrängt, sondern die Mitte ist. Prüfe sich ein jeder, wo er zu Hause ist: Am Tisch des Ahab, wo man Gott verdrängt und darben muß, oder am Tisch Elias, wo man Gott in Ehren hat und Tag um Tag von seiner Gnade zehrt! Hier scheiden sich die Wege.

Es droht und wächst die Dürre,
wo man den Herrn vergißt;
man geht und wandert irre,
wo nirgends Wasser ist.
Kehrt um und schöpft, ihr Matten,
aus Gottes Quell so klar!
In Seiner Flügel Schatten
ist Zuflucht wunderbar.

*Herr, unser Gott, Du hast uns berufen zu Deinem Volk,
zu den Schafen Deiner Weide. Vergib uns, daß wir Dir den
Platz verweigert haben, der Dir gebührt. Vergib uns, daß
wir so wenig um Deine Ehre eifern. Du weißt, wieviel totes,
dürres Land ist inmitten der Christenheit, wie gleichgültig
und kaltsinnig wir uns damit abfinden. Wehre doch der
Verführung und dem Abfall in Deiner Gemeinde, steure
dem Geist der Verblendung in allen Landen. Sende Deinen
Geist, daß er erquicke, was dürre ist, und belebe, was tot
ist, auch in unseren Herzen. Sei und bleibe Du selbst unseres Herzens Trost, erhalte uns bei dem Einen, daß wir
Deinen Namen fürchten. Amen.*

Keine Stimme noch Antwort

Nach langer Zeit aber, im dritten Jahr, erging an Elia das Wort des Herrn: »Geh hin und zeige dich Ahab; denn ich will regnen lassen auf der Erde!« Und Elia ging hin, um sich Ahab zu zeigen. Die Hungersnot aber war groß in Samaria.

Sobald Ahab den Elia erblickte, rief er ihm zu: »Bist du es wirklich, der Verderber Israels?« Er aber sprach: »Nicht ich habe Israel ins Verderben gestürzt, sondern du und dein Geschlecht, weil ihr den Herrn verlassen habt und den Baalen nachgelaufen seid. Nun aber sende hin und entbiete ganz Israel zu mir auf den Berg Karmel samt den vierhundertfünfzig Baalspropheten und den vierhundert Propheten der Aschera, die vom Tische der Isebel essen!« Da sandte Ahab in ganz Israel umher und entbot die Propheten auf den Berg Karmel.

Da trat Elia vor alles Volk und sprach: »Wie lange wollt ihr auf beiden Seiten hinken? Ist der Herr Gott, so haltet euch zu ihm; ist's aber Baal, so haltet euch zu ihm!« Aber das Volk gab keine Antwort. Da sprach Elia zum Volk: »Ich bin allein noch übrig als Prophet des Herrn, der Propheten Baals aber sind vierhundertfünfzig. Man gebe uns nun zwei Stiere; davon mögen sie sich den einen auswählen, ihn zerstücken und auf den Holzstoß tun, aber kein Feuer daran legen; ich will den andern Stier zurichten und auf den Holzstoß tun und auch kein Feuer daran legen. Dann rufet ihr den Namen eures Gottes an, und ich will den Namen des Herrn

*anrufen. Und der Gott, der mit Feuer antwortet, ist (der
wahre) Gott.« Da antwortete das ganze Volk: »So sei
es!« Nun sprach Elia zu den Baalspropheten: »Wählt euch
den einen Stier aus und richtet ihn zuerst zu, denn ihr
seid in der Überzahl, und rufet den Namen eures Gottes
an; doch Feuer dürft ihr nicht anlegen!« Da nahmen sie
den Stier, richteten ihn zu und riefen den Namen Baals
an vom Morgen bis zum Mittag, indem sie flehten: »Baal,
erhöre uns!« Aber da war keine Stimme noch Antwort.
Und sie hinkten um den Altar, den sie gemacht hatten.
Als es Mittag war, spottete Elia ihrer und sprach: »Ruft
doch lauter! Er ist ja ein Gott; er ist wohl in Gedanken
oder abseits gegangen oder auf Reisen. Vielleicht schläft
er auch und wird dann erwachen.« Und sie riefen laut und
machten sich nach ihrem Brauch Einschnitte mit Schwertern und Spießen, bis das Blut an ihnen herabrann. Als
der Mittag vorbei war, gerieten sie ins Rasen, bis um die
Zeit, da man das Speisopfer darzubringen pflegt. Aber da
war kein Laut, keine Antwort, keine Erhörung.*

(1. Könige 18, 1—29.)

Wer ist Elia? Eine Fackel in Gottes Hand, so haben wir
gehört. Man könnte genau so sagen: Ein *Pfeil* ist Elia, den
Gott auf die Sehne seines Bogens legte. Er verbirgt ihn in
seinem Köcher eine lange Zeit. Vergeblich durchstreifen die
Häscher Ahabs das ganze Land und alle umliegenden Königreiche. Von Elia fehlt jede Spur. Monat um Monat ver-
geht, ein Jahr ums andere, ohne daß ein Tropfen Tau oder
Regen das verdorrte Land befeuchtet. Die Not steigt aufs
höchste. Die Preise für Brot und Korn sind in die Höhe ge-
schnellt. In den Ställen und auf den Weiden brüllt das Vieh
vor Durst. Der König selbst und sein Hofmeister, ein

gewisser Obadja, verlassen die Königsburg, um das letzte Heu und Wasser aufzutreiben. Der Bogen ist bis aufs äußerste gespannt. Es muß etwas geschehen, sonst wird das Gericht zur ausweglosen Katastrophe. Lange hat Gott geschwiegen, und es ist ein zorniges Schweigen, unter dem Ahab und sein abgöttisches Volk erfahren muß, was es für Jammer und Elend bringt, den lebendigen Gott zu verlassen. Da endlich langt Gott in seinen Köcher und holt seinen Knecht Elia hervor. Ist's nicht, als ob er ihn wie einen Pfeil auf die Sehne seines Bogens legte? »Nach langer Zeit, im dritten Jahr, erging das Wort des Herrn an Elia: ‚Geh hin und zeige dich Ahab; denn ich will regnen lassen auf der Erde!'« Und Elia gehorcht, so furchtlos und kühn, wie nur je ein Mensch Gott gehorcht hat, und geht hin, daß er sich Ahab zeige. Auf offener Straße kommt es zu einer hochdramatischen *Begegnung*. Auge in Auge treten sich *Prophet* und *König* gegenüber. »Und da Ahab den Elia erblickte, rief er: ‚Bist du es wirklich, der Verderber Israels?'« Die Frage hat einen drohenden Klang. Sie gleicht einer gefällten Lanze. Aber Elia faßt die Lanze und dreht sie um: »Nicht ich habe Israel ins Verderben gestürzt, sondern du und dein Geschlecht, weil ihr den Herrn verlassen habt und dem Baal nachgelaufen seid.« Es scheint, als habe diese Anklage den König diesmal ins Herz getroffen. Er wagt es nicht, den Propheten verhaften und binden zu lassen. Elia ist ihm unheimlich geworden. Er spürt, daß hinter diesem Mann, der ihm so wehrlos und furchtlos gegenübertritt, ein andrer steht, der noch ganz andre Herren in den Staub ducken kann als Ahab, den König über das kleine Nordreich Israel.

So hört er zu, wie ihm Elia seinen Plan entwickelt. Es ist freilich kein Plan, den der Prophet selbst entworfen hat. Alles, was geschehen soll, geschieht auf Gottes Geheiß; sonst wäre die Kühnheit, mit der Elia das Gottesurteil auf dem Karmel herausfordert, Vermessenheit. So aber ist er nur der Unterhändler, der dem König Ahab das *Ultimatum Gottes* überbringt. Gott selbst zwingt die Entscheidung herbei: »Wohlan, so sende nun hin und versammle zu mir das ganze Israel auf den Berg Karmel, samt den vierhundertfünfzig Baalspropheten und den vierhundert Propheten der Aschera[1]), die vom Tische der Isebel essen!« Alle sollen des Zeuge sein, wie Gott seine Widersacher zum Rechtsstreit in die Schranken fordert, damit zwischen ihm und dem Baal die Würfel fallen. Ahab wagt keinen Widerspruch. Man merkt, wie sehr ihm die Not bis am Halse steht. So jagen die Boten des Königs durchs Land, um alles Volk auf den Karmel zu entbieten. Zu Tausenden eilen sie herbei aus allen Dörfern und Städten, und wir tun gut, uns diesem Zug anzuschließen; denn was auf diesem Karmel verhandelt wird, ist eine Frage, die nicht nur Ahab und Israel betrifft. Es geht um die Urentscheidung, wie sie von jedem, der diese Geschichte hört und liest, gefordert ist:

> *Erwählet, wem ihr dienen wollt,*
> *gebt euch dem Herrn zu eigen!*
> *Denn wer dem Ba'al Opfer zollt,*
> *der erntet Hohn und Schweigen.*

Erwählet, wem ihr dienen wollt!

Schon einmal erklang dieser Ruf: damals als Josua das ganze Israel auf dem großen Landtag zu Sichem um sich versammelt hatte. Da stand der alte Heerführer und rief:

---

[1]) Die Aschera, ursprünglich wohl eine Baumgöttin, wurde vor allem als Fruchtbarkeitsgöttin verehrt. Ihr Sinnbild war der heilige Baum oder Pfahl, der gleichfalls Aschera genannt wurde.

»Erwählet euch heute, wem ihr dienen wollt! Ich aber und mein Haus wollen dem Herrn dienen« (Josua 24, 15). In ähnlicher Weise tritt hier auf dem Karmel der Prophet Elia vor König und Volk, von allen, die versammelt sind, eine klare Entscheidung fordernd. »Wie lange hinket ihr auf beiden Seiten? Ist der Herr Gott, so wandelt ihm nach; ist's aber Baal, so wandelt ihm nach!« Die Frage gleicht einem blitzenden Schwert, das einen Knoten zerhaut. Auf beiden Seiten hinken oder, wie wir heute sagen, auf beiden Achseln Wasser tragen, das ist's, dessen sich das Volk Gottes mit seinem Herrscherhaus schuldig macht. Nicht daß sie den Gott ihrer Väter schlechthin verworfen hätten und sozusagen mit Haut und Haaren in der Abgötterei versunken wären. Noch halten sie fest an dem rechten, alten Gottesdienst, noch kennt man die Gebote, die der Herr ausrief am Sinai. Aber zugleich und daneben erweist man dem Baal seine Reverenz. Ist er nicht auch ein großer, starker, mächtiger Gott, dieser Baal der Phönizier? Warum nicht auch ihm je und dann ein Opfer bringen, hie und da eines der rauschenden Feste mitfeiern, welche die Priesterschaft der Isebel inszeniert? Ein harmloses Vergnügen, so denken viele. Wer weiß, wofür's gut ist! Auf jeden Fall legt die Königin, über deren mächtigen Einfluß am Hof sich jedermann im klaren ist, Wert darauf. Wer vorwärts kommen will, tut wohl daran, wenn er sich je und dann auch an den Altären des Baal sehen läßt. Am besten, wenn man's mit keinem verdirbt, weder mit dem Gott Israels noch mit dem Baal noch mit der Aschera. Genau diese Haltung wird von Elia aufs schärfste angegriffen. Er richtet ein *Entweder-Oder* auf: Entweder Gott oder Baal; ein Zugleich gibt es nicht, weil Gott seine Herrschaft nicht mit andern Göttern teilt. Durch den Versuch, auf beiden Seiten zu hinken, wird das erste Gebot mit Füßen getreten.

Wer ist denn dieser *Baal* eigentlich? — Der Name tut wenig zur Sache. Er wechselt im Lauf der Zeiten, wie eben in dieser Welt alles außer dem lebendigen Gott und seinem untrüglichen, allein ewigen Wort dem Wechsel, der Mode unterworfen ist. Ursprünglich wurde unter dem Namen »Baal« jene geheimnisvolle Kraft verehrt, die der Mensch in der Natur, in der unerschöpflichen Fruchtbarkeit der Erde, vor Augen hat. Der Baal gibt Brot und Wein, er füllt die Kammern und Truhen, die Scheunen und Keller. Er bringt Glück und Geld, Reichtum und Wohlleben, Erfolg und Sieg. Auch die Fruchtbarkeit des Menschen hängt mit dem Baal zusammen. In der geschlechtlichen Zeugung ist seine Kraft zugegen. Was wünscht und erhofft man von Baal? — Man wünscht, in seinem eignen Begehren und Wollen gefördert, in seinen Plänen und Zielen bestätigt zu werden. Um dies zu erreichen, muß man versuchen, mit dem Baal auf gutem Fuß zu stehen. Seine Gunst ist ein Opfer wert. Das alles klingt gar nicht so übel; es steckt die richtige Ahnung dahinter, daß der Mensch sein Leben, die Natur ihren Bestand, die Erde ihre Fruchtbarkeit, ein Volk seinen Platz an der Sonne nicht sich selbst, sondern einer höheren Macht verdankt. Wie schon gesagt: die Namen wechseln. Mancher spricht heutzutage vom »Herrgott«, von der Vorsehung, vom Himmel, von der Kraft der Natur, vom Schicksal, vom Glück, das angeblich in den Sternen geschrieben steht, und meint mit diesen Worten im Grund dasselbe, was man in der Heimat der Isebel unter dem Baal verstand.

Aufs Ganze gesehen ist zwar der Hang, hinter den Dingen und Kräften dieser Welt das Walten einer Gottheit zu verehren, in der heutigen Menschheit rapid im Schwinden begriffen. Der Mensch unsrer Zeit verläßt sich lieber auf seine eigne Vernunft, Kraft und Geschicklichkeit, auf seine Wissenschaft und Technik als auf die Beschwörung der

Gottheit und den Rauch der Opfer, der von lodernden Altären zum Himmel steigt; aber um so höher stehen die *Gaben* des Baal im Kurs: Besitz und Macht, Erfolg und Ansehen, Genuß und Geld, Wohlstand und Sicherheit, der Rausch und die Lust. Es ist nicht schwer zu erkennen, wie sich auf diese Weise der entthronte Baal durch eine Hintertür wieder in die Herzen schleicht und von ungezählten Menschen Besitz ergreift. Er bekommt seine *Opfer* nach wie vor. Ja, es ist erschütternd, zu welchen Opfern die Menschen bereit sind, um diese Baalsgüter in ihren Besitz zu bringen und ihren »Lebensstandard« möglichst hoch hinaufzuschrauben. Die beste Zeit und die ganze Kraft, der Sonntag und der Feierabend, die Gesundheit und die Nerven, das Familienleben und die eignen Kinder, die man mit einem Schlüssel um den Hals sich selbst überläßt oder gar beseitigt im Mutterleib — das alles bis hin zum Gewissen wird dem Baal bedenkenlos hingeopfert; und es scheint, als ob seine Ansprüche immer noch im Wachsen seien. Unersättlich ist der Baal, und es sind durchaus nicht nur die Kinder dieser Welt, die ihm verfallen; er hat einen tiefen Einbruch bis in die Mitte unsrer christlichen Gemeinden erzielt. Wer sich läßt dünken, er sei gegen ihn gefeit, der sehe wohl zu, ob er nicht längst mit ihm paktiert! Kann man diese Stimme vom Karmel, dieses »Wie lange hinket ihr auf beiden Seiten?« anders als mit erschrockenem Gewissen hören? Feststeht, daß mit der Herrschaft Gottes eine Konzession an den Baal nicht vereinbar ist. »Erwählet, wem ihr dienen wollt!«

Gebt euch dem Herrn zu eigen!

Was ist denn der Unterschied zwischen diesem Herrn, für dessen Alleingeltung Elia streitet, und dem Baal, mit dem Ahab seine Politik und das Volk seine Geschäfte macht? Das sagt schon der Name: Jahwe — Luther übersetzt »HErr« — ist sein Name[1]). Diesen Gottesnamen hat einst Mose bei seiner Berufung am brennenden Dornbusch in der Wüste empfangen, und Gott selbst hat ihn mit den Worten gedeutet: »Ich bin, der ich bin« (2. Mose 3, 13—15), d. h. ein wirklicher, lebendiger, ewiger Gott, der sich selbst treu bleibt und nicht wandelt von Geschlecht zu Geschlecht, ein Gott, der sein ICH groß schreibt und dem Menschen gegenüberstellt als eine ihn fordernde, gegenwärtige Wirklichkeit. Herrschen ist sein Beruf, und Gehorsam der Schmuck seiner Knechte. Merken wir den *Unterschied?* Baal, das ist der Gott, der den Menschen bestätigt; der Herr, das ist der Gott, der sich den Menschen unterwirft. Baal, das ist Wind in die Segel, wobei der Mensch selbst am Steuer sitzt; der Herr, das ist ein Anspruch vom Himmel her, bei dem das Kommando gewechselt wird. Baal, das ist der Gott ohne Buße, der Gott ohne Forderung; der Herr, das ist der Gott, der unser Wollen und Wünschen an seine Gebote bindet. Mit dem Baal schließt man einen Beistandspakt; vor dem Herrn streckt man die Waffen. Den Baal ruft man an, wenn man in Not ist; den Herrn hat man vor Augen allezeit. Den Baal speist man mit Opfern ab, von denen man hofft, daß sie sich bezahlt machen; dem Herrn übergibt man sich selbst mit Leib und Seele zum Eigentum. Man sollte meinen, dieser Unterschied greife so tief, daß eigentlich keine Verwechslung der beiden möglich ist; aber des Menschen

---

[1]) Die Lesart »Jehova«, wie wir sie etwa aus dem Lied »Dir, dir, Jehova, will ich singen« kennen, ist nicht ganz zutreffend.

Herz ist »abgründig über alles, und heillos ist es, wer kann es ergründen?« (Jeremia 17, 9). Eine »perpetua fabrica idolorum« hat es Calvin genannt, zu deutsch: eine Werkstatt, in der fortwährend falsche Götter fabriziert werden. In dem Bestreben, sein eigener Herr zu sein, verändert der Mensch das Bild Gottes und macht sich einen Gott nach seinen Wünschen zurecht. Wie groß ist die Gefahr, daß wir, auch wenn wir den rechten, lebendigen Gott aus unsrer Bibel zu kennen meinen, doch mit ihm umgehen, als ob er ein christlicher Baal wäre! Wer nicht täglich sein Ohr an der Schrift hat und nicht immer neu hört »nach Jüngerweise« (Jesaja 50, 4), erliegt dieser Gefahr unweigerlich.

Begreifen wir nun, wie recht Elia hat, wenn er darauf beharrt, daß der Dienst Gottes mit dieser Anrufung des Baal nicht zusammengeht, daß man hier *wählen* muß: entweder — oder?! »Ist Baal Gott, so haltet euch zu ihm, ist aber der Herr Gott, so haltet euch zu ihm!« »Ihr *könnt* nicht zwei Herren dienen!« Aber das Volk gibt keine Antwort. Sie schweigen und senken die Köpfe. Was ist das für ein *Schweigen?* Ein betroffenes Schweigen, weil das Gewissen dem Propheten recht gibt und in seinem Ruf die Stimme Gottes erkennt? Ein feiges Schweigen, bei dem es keiner wagt, hervorzutreten im Angesicht des Königs und der achthundertfünfzig Götzenpriester, die unter der persönlichen Protektion des Herrschers stehen? Ein nachdenkliches Schweigen, bei dem das Wenn und Aber erwogen wird und der Wille noch zögert, einen Entschluß zu fassen und den Herrn zu wechseln? Oder ein böses, trotziges Schweigen, bei dem sich das Herz verstockt und der geforderten Entscheidung ein Nein entgegenstellt? — Wie dem auch sei: keiner wagt sich vor und tritt dem Knecht Gottes an die Seite; aber Elia gibt sich deshalb noch lange nicht geschlagen. Mögen die Götter entscheiden, wo die Menschen versagen! Hier auf dem Karmel soll das Urteil fallen. Laßt sehen, ob euer Gott imstande ist, den Feuerbrand in euer Opfer zu werfen, zum Zeichen, daß er lebt und Macht hat, euer Gebet und Rufen zu erhören! Elia geht mit diesem Vorschlag einer *Machtprobe* zwischen dem Herrn und Baal zum Angriff über, und er zweifelt nicht einen Augenblick, daß die Baalspropheten grausam zuschanden werden; denn

Wer dem Baal Opfer zollt, der erntet Hohn und Schweigen

Großmütig läßt Elia seinen Widersachern den Vortritt. Er läßt sich Zeit und übereilt nichts. Eine herrliche Ruhe und Gelassenheit ist um diesen Mann bei aller Leidenschaft. Unterdes haben die Baalspriester ihren Stier zerstückt und ihren Holzstoß aufgestapelt. »Und sie riefen an den Namen Baals vom Morgen bis zum Mittag: ,Baal, erhöre uns! Baal, erhöre uns!'« Hörst du, wie ihre langgezogenen Schreie aus achthundertfünfzig Kehlen über den kahlen Rücken des Karmel hallen? Laut und lauter schwillt er an, der unheimliche Chor. Stunde um Stunde verrinnt, und sie schreien immer noch; aber da war *keine Stimme noch Antwort*. Mit verschränkten Armen schaut Elia zu, mit grimmigem Spott stachelt er sie auf, ihre Anstrengungen noch zu steigern. »Rufet lauter! Er ist doch ein Gott. Vielleicht ist er in Gedanken versunken oder abseits gegangen oder auf Reisen. Vielleicht schläft er auch gerade. Rufet lauter, daß er aufwache!« Es ist kein billiger Spott gegen das, was andern heilig ist. Elia weiß: »Der im Himmel wohnt, lachet ihrer, und der Herr spottet ihrer« (Psalm 2, 4). Gott macht hier durch den Mund seines Knechts seinem Ingrimm Luft, indem er den Baal in einen Hohn und Spott verwandelt. Man darf sich durch diese sarkastischen Worte den erschütternden Ernst der Szene nicht verdunkeln lassen. Was hier am Altar des Baal geschieht und abrollt, ist Ausdruck urechten Heidentums: das stundenlange Rufen, die Beschwörung der Gottheit, der kultische Tanz um den Altar, der sich zur wilden Ekstase steigert, bei welcher der Schaum auf die Lippen tritt und sich mit dem eignen Blut vermischt! Das alles deckt sich genau mit den Schilderungen, wie wir sie in den Berichten unsrer Missionare finden. »Sie riefen laut und machten sich nach ihrem Brauch Einschnitte mit Schwertern und Spießen, bis das Blut an ihnen herabfloß. Als der Mittag vorbei war, gerieten sie ins Rasen, bis um die Zeit, da man das Speisopfer darzubringen pflegt. Aber da war kein Laut, keine Antwort, keine Erhörung.« Ihr Schreien verhallt ins Leere; kein Echo kommt von dem Baal zurück. Seine Nichtigkeit und Ohnmacht wird offenbar.

So also ist das mit dem Baal! Wer sich an ihn hängt, wer ihm nachwandelt und seine Opfer zollt, der ist und bleibt betrogen. Er erntet *Hohn und Schweigen.* Wie sollte es anders sein, wo doch dieser Gott wie alle selbsterdachten Götter nur ein Wunschtraum, ein Wahngebilde des menschlichen Herzens ist! Hier hat Feuerbach[1]), der in der Gottesvorstellung nichts anderes als die Projektion der unerfüllten Wünsche und Sehnsüchte des Menschen zu erkennen glaubte, völlig richtig gesehen. Ob diese Geschichte nicht auch ein Beitrag zu der Frage so vieler unerhörter Gebete ist? Es ist gewiß nicht das einzige, was dazu zu sagen ist; aber soviel steht fest: Es hat keine Verheißung, sich in irgendeiner Notlage plötzlich an irgend einen Gott zu wenden,

---

[1]) Ludwig Feuerbach (1804–72), einer der schärfsten und bedeutendsten Kritiker aller Religion, hat die moderne Arbeiterbewegung in ihr atheistisches Fahrwasser gelenkt. Seine berühmteste Schrift trägt den Titel «Das Wesen des Christentums« (1841).

ein höheres Wesen, das man sich selbst erdachte. Alles kommt darauf an, daß wir uns mit unsrem Gebet nicht an irgend einen Gott, sondern an den *rechten Gott,* an die richtige Adresse wenden. Man kann sich das an einem schlichten Beispiel deutlich machen: Wenn in meinem Hause ein Unfall passiert, so hilft es mir gar nichts, wenn ich an den Fernsprecher stürze und irgendwo anrufe. Den Arzt muß ich haben! Dazu ist es notwendig, daß ich seine Rufnummer nachschlage und dann die rechte Nummer wähle. So allein kann mir Hilfe werden. Mit andern Worten: Es ist nicht damit getan, »auch etwas zu glauben«, in irgend einer Form »religiös« zu sein. Alles kommt darauf an, daß unser Glaube den rechten, allein wahren und lebendigen Gott umfaßt. Keiner kennt ihn, der nicht sein Ohr an der Bibel hat, Tag für Tag.

Dieses furchtbare Schweigen des Baal ist aber zugleich eine *Warnung* an alle, die den lebendigen Gott verlassen und ihr Herz an den Baal hängen, beziehungsweise an das, was bei ihm zu gewinnen ist. Sobald es ein ernstliches Treffen gilt, läßt er seine Verehrer grausam im Stich. Spätestens auf dem Totenbett kommt es heraus, daß man bei dem Baal belogen und betrogen ist. Da ist keine Stimme noch Antwort noch Aufmerken! *Anders* der Gott Abrahams, Isaaks und Jakobs, der Gott Moses und Elias, der Gott und Vater Jesu Christi! »Da ich zum Herrn rief, *antwortete* er mir und errettete mich aus aller meiner Furcht. Welche auf ihn sehen, die werden erquickt, und ihr Angesicht wird nicht zu Schanden« (Psalm 34, 5. 6).

Vor ihm beugt eure Kniee
in Furcht, ihr Frommen all'!
Wohl dem, der spät und frühe
sich seiner Huld befahl!

Gelobt seist Du, Herr, Du Gott unsrer Väter, daß Du nicht schweigst zum Gebet Deiner Kinder. Gelobt sei Dein großer und herrlicher Name, der allein Wunder tut. Wecke uns das Ohr, daß wir auf Deine Stimme hören und nicht unvermerkt unser Herz an falsche Götter hängen, die uns weder raten noch helfen können. Hilf, o Du wahrer, lebendiger Gott, daß wir auf Dich allein unser Vertrauen stellen und gewähre uns in Deiner Barmherzigkeit alle Bitten, die uns heilsam sind. Sammle Deine Herde um Deinen Altar und erhalte uns im standhaften Bekenntnis Deines Namens durch Jesus Christus, Deinen lieben Sohn, unsern Herrn, der mit Dir und dem Heiligen Geiste lebt und regiert in Ewigkeit. Amen.

Feuer vom Himmel

*Da sprach Elia zu allem Volk: »Kommet her zu mir!«
Und alles Volk trat zu ihm heran, und er stellte den
Altar des Herrn, der niedergerissen war, wieder her. Und
Elia nahm zwölf Steine nach der Zahl der Stämme der
Söhne Jakobs, an den das Wort des Herrn ergangen war:
»Du sollst Israel heißen«. Und er baute von den Steinen
einen Altar im Namen des Herrn und zog rings um den
Altar einen Graben im Umfang von zwei Scheffeln Aus-
saat, schichtete das Holz auf, zerstückte den Stier und
legte ihn auf den Holzstoß. Dann sprach er: »Füllet vier
Krüge mit Wasser und gießt es auf das Brandopfer und
auf das Holz!« Und sie taten es. Er sprach: »Tut es nocheinmal!« Und sie taten es noch einmal. Er sprach: »Tut es
zum drittenmal!« Und sie taten's zum drittenmal. Und
das Wasser lief rings um den Altar; auch den Graben
füllte er mit Wasser.*

*Um die Zeit aber, da man das Speisopfer darzubringen
pflegt, trat der Prophet Elia herzu und sprach: »O Herr,
Gott Abrahams, Isaaks und Israels, laß heute kund werden, daß du Gott bist in Israel und ich dein Knecht und
daß ich auf dein Geheiß dies alles getan habe! Erhöre
mich, o Herr, erhöre mich, damit dies Volk erkenne, daß
du, Herr, (der wahre) Gott bist und daß du ihr Herz (zu
dir) zurücklenkst!« Da fiel das Feuer des Herrn herab
und verzehrte das Brandopfer und den Holzstoß, die
Steine und den Erdboden, auch das Wasser im Graben
leckte es auf. Als das Volk dies sah, fielen sie alle auf ihr*

Angesicht und riefen: »Der Herr ist Gott! Der Herr ist
Gott!« Elia aber sprach zu ihnen: »Greift die Baalspro-
pheten! Keiner von ihnen soll entrinnen.« Man ergriff sie,
und Elia führte sie hinab an den Bach Kison und schlach-
tete sie daselbst.

Dann sprach Elia zu Ahab: »Geh hinauf, iß und trink;
schon höre ich das Rauschen des Regens!« Während nun
Ahab hinaufging, um zu essen und zu trinken, stieg Elia
auf die Höhe des Karmel, beugte sich zur Erde nieder
und barg das Angesicht zwischen den Knieen. Dann rief
er seinem Diener zu: »Geh doch hinauf und schau aus
nach dem Meer hin!« Der ging hinauf, schaute aus und
berichtete: »Es ist nichts da.« Er aber sprach: »Geh wieder
hin!« Und der Diener ging hin, siebenmal. Beim siebenten
Mal aber sprach er: »Siehe, es steigt eine kleine Wolke
aus dem Meer auf wie eines Mannes Hand. Da gebot er:
»Geh hinauf zu Ahab und sage ihm: ,Spanne an und fahre
hinab, daß dich der Regen nicht ergreife!'« Und ehe man
sich's versah, war der Himmel schwarz von Wolken und
Sturm, und es kam ein gewaltiger Regen. Da stieg Ahab
auf und fuhr nach Jesreel. Die Hand des Herrn aber kam
über Elia, und er gürtete seine Lenden und lief vor Ahab
her bis nach Jesreel.

(1. Könige 18, 30—46.)

»Die Zeit des Schweigens ist vergangen, und die Zeit des
Redens ist gekommen!« so hat Martin Luther einmal in
einer entscheidungsvollen Stunde ausgerufen. Dasselbe
Leitwort könnte man über den Eingang unsrer Geschichte
schreiben. Lange hat Elia geschwiegen und der ohnmäch-
tigen Beschwörung des Baal zugeschaut. Jetzt ist's genug;
er reckt sich auf. »Kommt her, alles Volk, zu mir!« Sie
treten herzu, und aller Blicke sind auf ihn gerichtet —

neugierige, mißtrauische, angstvolle, feindselige Blicke. Sie hätten ihn wohl am liebsten erdolcht mit ihren Blicken, die Propheten des Baal und die Priester der Aschera. Elia, zitterst du nicht? Wie, wenn auch dein Gott schweigen sollte? Dann werden sie über dich herfallen wie eine wilde Meute, Propheten und Priester und alles Volk, und der König Ahab wird sich's nicht annehmen. Kein Zweifel, dieser Mann kämpft nicht nur einen völlig einsamen, sondern zugleich höchst *gefährlichen* Kampf. Es ist ein Kampf auf Leben und Tod. Aber Elia fürchtet sich nicht. Wer mit dem rechten Gott im Bunde ist und im Gehorsam gegen seinen Willen steht, der braucht nichts zu fürchten. Ruhig und umsichtig geht der Prophet ans Werk. Zuerst holt er Steine, zwölf an der Zahl, und schichtet sie auf zu einem Altar des Herrn, zum Zeichen, daß sein Königsrecht trotz Verführung und Abfall über alle Stämme Israels in Geltung steht. Dann zieht er einen breiten Graben um den Opferstein, schichtet das Holz, zerstückt den Stier und legt ihn auf den Holzstoß. Man spürt den festen Schritt und die sichere Hand des *Gehorchenden*. Nicht genug damit! Dreimal läßt er vier große Krüge voll Wasser über den Altar schütten, um jeden Verdacht, er habe selbst auf irgend eine Weise das Feuer herbeigezaubert, von vornherein auszuschließen. Gottes Feuer soll sein Opfer anzünden. Er, der allmächtige Gott, kann den Altar in Brand stecken, auch wenn alles, Holz und Steine und Opferstier, vor Nässe trieft! Es zeigt sich, daß Elia mit dieser kühnen Glaubenszuversicht nicht zuschanden wird.

Unser Gott erhört Gebet,
Feuer ist sein Zeichen!
Wo der Sturmwind Gottes weht,
muß die Dürre weichen.

Die Spannung ist aufs höchste gestiegen, als Elia im sinkenden Abend vor den Altar tritt und seine Hände aufhebt zum Gebet. »Um die Zeit, da man das Speisopfer darzubringen pflegt, trat der Prophet Elia herzu und sprach: ‚Herr, Gott Abrahams, Isaaks und Israels, laß heute kund werden, daß du Gott bist in Israel und ich dein Knecht und daß ich auf dein Geheiß dies alles getan habe! Erhöre mich, Herr, erhöre mich, damit dies Volk erkenne, daß du, Herr, Gott bist und du ihr Herz bekehrest!‘« Was für ein *Gebet!* Es wendet sich nicht ins Ungewisse, ins Leere. Es ist kein ohnmächtiger Schrei zum Himmel hinauf, der so ehern verschlossen ist. Den Gott seiner Väter, den Gott Abrahams, Isaaks und Israels, ruft Elia an, der geredet, sich namentlich vorgestellt, seinen heiligen Arm entblößt, seine Macht und Herrlichkeit kundgetan hat. Hier betet ein Mann, der die rechte Adresse weiß. Und es ist nicht so, daß sein Gebet vieler Worte bedarf. Ganze zwei Sätze umfaßt dieses Gebet; das ist alles. Da ist kein lang anhaltendes Rufen, Betteln und Beschwören wie bei dem Schreien der Baalspriester: »Baal, erhöre uns!« Elia weiß, es ziemt sich nicht und es ist auch nicht not, sich vor der ewigen Majestät allzu wortreich zu gebärden. Gott weiß, was die Stunde fordert (vergleiche Matthäus 6, 7. 8). Es ist ferner ein Gebet randvoll von Glaubenszuversicht. Hier spricht ein Mensch mit Gott, der sich an den hält, den er nicht sieht, als sähe er ihn. Elia hat nicht solch einen fernen, blassen Gott, wie ihn die Philosophen lehren. Der Gott, an den sich sein Gebet wendet, ist lebendig, gegenwärtig, wirklich. Er ist ihm nahe auf Hörund Rufweite. Bei ihm ist, was bei dem Baal nicht ist, Stimme, Antwort und Aufmerken. Es ist nicht zuletzt ein öffentliches Gebet, genau so wie das Gebet Jesu am Grab des Lazarus (Johannes 11, 41. 42). Vor den Augen einer vieltausendköpfigen Menge betet Elia. Mögen sie gaffen und ihre Glossen machen, er schämt sich nicht! Und vor allem: Es ist ein Gebet, in dem es ganz und gar um die Ehre Gottes geht. Elia selbst bedarf des Zeichens nicht, er ist seines Gottes ganz gewiß. Aber dies soll kund werden, an den Tag kommen, daß nur einer Gott ist im Himmel und auf Erden, über Israel und über die ganze Welt. Sieh, das heißt *erhörlich beten:* Sich an die rechte Adresse wenden, nicht viel unnütze Worte machen, mit der lebendigen Gegenwart Gottes rechnen, sich frei und öffentlich zu ihm bekennen und um seine Ehre eifern! Wer anders betet, der greift ins Leere und macht Gott zum Baal, das heißt zum Lakaien unsrer menschlichen Bedürfnisse, zum Lückenbüßer unsrer Verlegenheiten. Wohl dürfen wir im Gebet auch unsre persönlichen Anliegen zur Sprache bringen; aber wer sie an die erste Stelle setzt, hat nicht nur Elia, sondern Jesus Christus wider sich (vergleiche Matthäus 6, 9. 10). Es lohnt sich, bei diesem Elia und seinem Gebet in die Schule zu gehen; denn der Gott, den er anrief, ist ihm die Antwort nicht schuldig geblieben. Kaum hat er sein Gebet geschlossen, da zuckt's wie ein Bündel Blitze vom Himmel herab. Unser Gott erhört Gebet.

Feuer ist sein Zeichen!

»Da fiel das Feuer des Herrn herab und verzehrte das Brandopfer und den Holzstoß, die Steine und den Erdboden und leckte das Wasser auf in der Grube.« Geblendet von den Blitzen Gottes stürzt die Menge der Zuschauer zu

Boden. »Der Herr ist Gott! Der Herr ist Gott!« ruft zutiefst erschrocken das ganze Volk, von seinem gewaltigen *Lebenszeichen* schlechthin überwältigt. Es ist wie ein Vorspiel jener letzten Stunde der Geschichte, da der kommende Herr aller Herren, Jesus Christus, die Wolken zerteilt und sich vor ihm aller Knie beugen. Wie werden sie zu Boden stürzen, die Verächter! »Elia aber sprach: ‚Greift die Propheten Baals, daß ihrer keiner entrinne!'«. Mit eigener Hand vollstreckt er an ihnen ein blutiges Strafgericht. Er führt sie gebunden an den Bach Kison und färbt den Bach mit ihrem Blut. Man hat an diesem Vers nicht selten Anstoß genommen und gesagt, der Prophet habe hier seinen Mantel mit einem unheiligen Eifer befleckt. In der Tat ist es ein erschreckendes *Blutgericht*. Man wird jedoch ein Dreifaches bedenken müssen:

1) Das Volk fiel auf sein Angesicht; nicht so die Baalspriester. Sie sind wohl zusammengezuckt und haben sich einen Augenblick angstvoll geduckt, als das Feuer des Herrn vom Himmel fiel. Aber schon stehen sie wieder, trotzig und stumm. Da ist keiner, den das gewaltige Zeichen Gottes zur Absage an Baal, zur Buße bewegt. Hätten sie sich gebückt, gewiß hätte die Geschichte einen andern Verlauf genommen. So aber ist Gottes Zorn über sie ergrimmt. Es gibt eine trotzige Verhöhnung Gottes im Angesicht seiner gewaltigen Zeichen und Gerichte, an der die Langmut Gottes ihre Grenze hat.

2) Was den Propheten des Baal widerfährt, ist die gerechte Vergeltung ihrer eignen Taten. Sie haben das Volk nicht nur zum Abfall von dem Gott der Heerscharen verführt, sondern überdies seine Altäre niedergerissen, seine Propheten verfolgt und mit dem Schwert getötet (vergleiche 1. Könige 19, 10). »Mein ist die Rache«, spricht der Herr, »ich will vergelten.«

3) Dieses Gottesurteil auf dem Karmel ist ein Wetterleuchten des letzten Urteils, des Jüngsten Gerichts. An diesem Tag werden alle, die es wider besseres Wissen mit dem Baal halten und dadurch Verstörung und Ärgernis über die Gewissen bringen, erfahren müssen, daß dieser Gott, den sie so leichtfertig hinter ihren Rücken warfen, nicht ungestraft verachtet wird (vergleiche Matthäus 18, 6!). Er greift seine Verächter, daß ihrer keiner entrinnt. Es steht im Neuen Testament, daß es schrecklich ist, in die Hände des lebendigen Gottes zu fallen; denn, so heißt es in demselben Brief: »Unser Gott ist ein verzehrend Feuer« (Hebräer 10, 31; 12, 29). Des zum Zeichen zu einer Warnung für alle, die auf dem Weg zu diesem Urteil Gottes sind, hat Elia — nicht in fleischlichem Eifer, sondern gewiß auch in diesem Stück auf Gottes Geheiß — dieses blutige Gericht vollstreckt. Lernen wir daraus, daß der Zorn Gottes ernstlich zu fürchten ist! *Feuer* ist sein Zeichen, nicht ein harmloses Weihrauchwölkchen — Feuer! (Vergleiche Maleachi 3, 19; 2. Petrus 3, 7; Offenbarung 20, 15.) Feuer, das heißt: brennende Liebe, glühender Eifer, lodernder Zorn.

Die Entscheidung ist gefallen. Der Gott Elias hat mit Feuer geantwortet, während der Baal mitsamt seinen Propheten grausam zuschanden wurde. Alles Volk hat sich gebeugt und wieder zu dem rechten Gott bekannt. Damit ist der Bann gebrochen, und der Herr wird sich über das verdorrte Land erbarmen und Regen spenden, wie er es dem Elia, als er ihn aus Sarepta zurückrief, versprochen hat (18, 1). Noch ist freilich kein Tropfen vom Himmel gefallen. In bleierner Schwüle geht der heiße Tag zu Ende, fußhoch liegt der Staub auf der verdorrten Steppe. Aber Elia zweifelt nicht einen Augenblick, daß Gott die Macht und Absicht hat, sein Versprechen einzulösen. Er wendet sich an

Ahab, der bleich und verstört herumsteht und offenbar nicht recht weiß, was er machen soll: »Geh, iß und trink; schon höre ich, wie der Regen rauscht!« Noch ist kein Anzeichen dafür am Himmel, es sind die Ohren des Glaubens, die hier hören. Aber, so denkt Elia, ein Gott, der mit Feuer antwortet, hat auch den Sturm in der Gewalt, der die Wolken vom Meer herübertreibt und ihre Schleusen öffnet.

Wenn der Sturmwind Gottes weht, muß die Dürre weichen

Nur von seinem Diener begleitet steigt Elia hinauf auf die Höhe des Karmel. Was sucht er dort? Es wird nicht gesagt, nur seine Haltung und Gebärde wird beschrieben: »Er beugte sich zur Erde nieder und barg das Angesicht zwischen den Knieen.« Eben stand er noch aufrecht vor König und allem Volk wie ein steiler Finger Gottes, furchtlos und ungebeugt. Nun kauert er am Boden, tief vor seinem Gott gebückt. Es ist mit Händen zu greifen, daß zwischen diesem Stehen vor den Menschen und Sichbücken vor Gott, diesem Mut und dieser Demut ein innerer Zusammenhang besteht. Je tiefer ein Mensch sich bückt vor Gott, umso aufrechter wird er vor den Menschen stehen. Wir ahnen, warum Elia sein Haupt so tief zwischen die Kniee steckt: Er fleht zu Gott, daß er seine Zusage wahr mache und die Schleusen des Himmels öffne. Diesmal ist es kein lautes und öffentliches Gebet, sondern eine stille, einsame Zwiesprache mit seinem Herrn. Beides hat seinen Platz und seine Stunde, das öffentliche Gebet inmitten der großen Gemeinde und das Gebet unter vier Augen mit dem Herrn im verriegelten Kämmerlein. Es ist töricht, das eine gegen das andere auszuspielen. Erwartungsvoll befiehlt Elia seinem Diener, auf der obersten Bergspitze Ausschau zu halten, ob nicht eine Wolke aufsteigt vom fernen Meer. Aber sechsmal sucht der Diener den weiten Horizont vergeblich nach einem Wölkchen ab, sechsmal kehrt er mit dem Bescheid: »Es ist nichts da!« zurück. Warum dieses seltsame Zögern des Herrn, wo er doch Sturm und Regen versprach? Bedurfte Elia einer solchen Glaubensprobe? Was geht in ihm vor? — Wir wissen es nicht. Auf jeden Fall sollen wir daraus lernen, daß Gott, zwar nicht immer, aber doch sehr oft, zwischen Gebet und Antwort das *Harren* stellt. Es muß nicht so sein, daß er antwortet, kaum daß das Amen verklungen ist; es kann auch sein, daß die Antwort Gottes auf sich warten läßt. Wer solches erfährt, der wisse, daß er mit dieser Erfahrung in der besten Gesellschaft ist. Auch ein Elia mußte harren. Wieder und wieder empfängt er den Bescheid: »Es ist nichts da!«, als hätte er nicht auf den lebendigen Gott, sondern auf Nichts gebaut. Ein andrer wäre vielleicht aufgestanden, verstimmt und enttäuscht darüber, daß bei Gott wieder einmal alles so gar nicht am Schnürchen geht. Nicht so Elia! Tiefer noch steckt er das Haupt zwischen die Kniee, inbrünstiger noch hält er Gott seine Zusage vor, flehentlicher ringt er mit ihm, bis er ihm die Rute des Zorns aus der Hand gewunden hat.

> Und ob es währt bis in die Nacht
> und wieder an den Morgen,
> doch soll mein Herz an Gottes Macht
> verzweifeln nicht noch sorgen.
> So tu Israel rechter Art,
> der aus dem Geist erzeuget ward,
> und seines Gotts erharre.
>
> *Luther*

Wie Großes das Gebet vermag, wenn es anhaltend mit diesem Harren verbunden ist, zeigt der Fortgang der Geschichte. Beim siebenten Mal bekommt Elia den Bescheid: »Siehe, es steigt eine kleine Wolke aus dem Meer auf, gerade so groß wie eines Mannes Hand.« Gottes Hilfe ist im Anzug. Frohlockend erhebt sich der Prophet und läßt dem König Ahab ausrichten: »Spanne an und fahre hinab, daß dich der Regen nicht ergreife!« Aber diesmal sind die Winde Gottes schneller als die Rosse, die der König vor seinen Wagen schirrt. »Ehe man sich's versah, war der Himmel schwarz von Wolken und Sturm, und es kam ein gewaltiger *Regen*.« Man kann sich vorstellen, wie die Menschen, junge und alte, in den Dörfern und Städten aus ihren staubigen Hütten treten und sich jubelnd in die Arme fallen: »Es regnet!«, als die ersten großen Tropfen vom Himmel fallen. In Strömen rauscht der kostbare, so vergeblich ersehnte Regen herab und erquickt und tränkt das verdorrte Land. Seht an, was euer Gott vermag und was das Gebet vermag, wenn es ernstlich ist! Wo der Sturmwind Gottes weht, muß die Dürre weichen.

So war es damals, als Elia den zerbrochenen Altar des Herrn auf dem Karmel wieder aufgerichtet hatte und seine Arme aufhob zu dem, der im Himmel ist. So war es, als lange Zeit hernach die elf Jünger Jesu in Jerusalem beisammen waren, wartend und harrend, daß die Verheißung ihres Meisters sich erfülle. »Als der Tag der *Pfingsten* erfüllt war, waren sie alle einmütig beieinander. Und es geschah ein Brausen vom Himmel wie eines gewaltigen Windes, und es erschienen Zungen, zerteilt wie von Feuer.« Es sind dieselben Zeichen Gottes wie zu Elias Zeiten, *Sturmwind* und *Feuer*. Gewiß, hier in der Pfingstgeschichte ist es nicht mehr ein irdisches, sondern ein himmlisches Feuer, und im Brausen des Windes ist das Wehen des Geistes, der sich der Boten Jesu als seiner Zeugen bemächtigt. Dennoch sind die Berichte im Innersten verwandt. Hier wie dort geht es darum, daß die Herrlichkeit Gottes kund werde unter den Menschenkindern. Und wie wird sie kund? — So, daß Gott sein Feuer vom Himmel sendet, daß seine Winde wehen und ein gnädiger Regen das verdorrte Land erquickt. Weniger tut's nicht, wenn der Altar des Baal stürzen, der Altar Gottes wieder brennen und alles, was verdorrt ist in Gottes Volk und Land, wieder wachsen und aufblühen soll. Ob es elfe sind, die darum flehen, oder einer ganz allein wie Elia, das spielt eine geringe Rolle. Wo immer Gott Menschen findet, die mit ihm rechnen und ihre Seele nicht an den Baal verkaufen, Menschen, die kühn dem Abfall entgegentreten und dann wieder das Haupt tief zwischen die Kniee stecken, da fällt sein Feuer vom Himmel, da wehen seine Winde, da tut er die Schleusen des Himmels auf.

Es ist viel dürres Land ringsum, inmitten der Christenheit. Jammert's uns nicht? — Es tut wahrhaftig not, daß ihrer etliche mit Elia in die Bresche springen, daß Gott uns gnädig werde.

> Erquicke das verdorrte Land,
> Herr Gott in allen Landen;
> mach selber deinen Ruhm bekannt,
> den Ba'al mach zuschanden!

Allmächtiger Gott und Vater unsres Herrn Jesu Christi, Du erhörst Gebet und läßt keinen leer, der Deiner harrt. Vergib, daß wir Dir so wenig zutrauen. Mach uns frei von Verzagtheit und Menschenscheu. Erwecke Dir Beter, Bekenner und Zeugen Deiner Wahrheit in unsrem Volk und unter allen Völkern der Erde. Rüste alle Diener Deiner

51

Kirche aus mit Kraft aus der Höhe, schenke Deiner Gemeinde ein hörendes Herz. Gib uns Männer, die als Deine Zeugen in die Schulstuben, Betriebe und Parlamente gehen, schenke uns Frauen und Mütter, die ihre Kinder und Hausgenossen zu Dir weisen und von Herzen Dir nachwandeln. Gieß aus Dein heilig Feuer, rühr Herz und Lippen an, daß jeglicher getreuer Dich, Herr, bekennen kann. Amen.

Die verlassene Höhle

Und Ahab erzählte der Isebel alles, was Elia getan und wie er alle Propheten mit dem Schwert getötet hatte. Da sandte Isebel einen Boten an Elia und ließ ihm sagen: »Bist du Elia, so bin ich Isebel! Die Götter sollen mir dies und das antun, wenn ich nicht morgen um diese Zeit dir tue, wie du ihnen getan hast!«

Da fürchtete er sich, machte sich auf und ging fort, sein Leben zu retten. Als er nach Beerseba in Juda kam, ließ er seinen Diener dort; er selbst aber ging in die Wüste, eine Tagereise weit, und als er hingekommen, setzte er sich unter einen Ginsterstrauch. Da wünschte er sich den Tod und sprach: »Es ist genug; so nimm nun, Herr, mein Leben hin, denn ich bin nicht besser als meine Väter!« Dann legte er sich unter dem Ginsterstrauch schlafen.

Und siehe, ein Engel rührte ihn an und sprach zu ihm: »Steh auf und iß!« Als er sich umschaute, siehe, da fand sich zu seinen Häupten ein geröstetes Brot nebst einem Krug mit Wasser. Da aß er und trank und legte sich wieder schlafen. Und der Engel des Herrn kam zum zweiten Male, rührte ihn an und sprach: »Steh auf und iß, denn du hast einen weiten Weg vor dir!« Da stand er auf, aß und trank und wanderte kraft dieser Speise vierzig Tage und vierzig Nächte bis an den Berg Gottes Horeb.

Dort ging er in eine Höhle hinein und blieb darin über Nacht. Und siehe, da erging an ihn das Wort des Herrn: »Was tust du hier, Elia?« Er antwortete: »Geeifert habe ich für den Herrn, den Gott der Heerscharen, denn Israel

hat dich verlassen; deine Altäre haben sie niedergerissen
und deine Propheten mit dem Schwert getötet. Ich allein
bin übrig geblieben, und sie trachten darnach, mir das Le-
ben zu nehmen.« Er aber sprach: »Geh heraus und tritt
auf den Berg vor den Herrn!« Siehe, da ging der Herr
vorüber: ein großer, gewaltiger Sturm, der Berge zerriß
und Felsen zerbrach, kam vor dem Herrn her; aber der
Herr war nicht im Sturm. Nach dem Sturm ein Erdbeben;
aber der Herr war nicht im Erdbeben. Nach dem Erd-
beben ein Feuer; aber der Herr war nicht im Feuer. Nach
dem Feuer kam das Flüstern eines leisen Wehens. Als
Elia dies hörte, verhüllte er sein Angesicht mit dem Man-
tel, ging hinaus und trat an den Eingang der Höhle.

Siehe, da sprach eine Stimme zu ihm: »Was tust du hier,
Elia?« Er antwortete: »Geeifert habe ich für den Herrn,
den Gott der Heerscharen, denn Israel hat dich verlassen;
deine Altäre haben sie niedergerissen und deine Pro-
pheten mit dem Schwert getötet. Ich allein bin übrig ge-
blieben, und sie trachten darnach, mir das Leben zu neh-
men.« Aber der Herr sprach zu ihm: »Auf, ziehe wieder
deines Weges aus der Wüste nach Damaskus, geh hinein
und salbe Hasael zum König über Syrien! Jehu aber, den
Sohn Nimsis, sollst du zum König über Israel salben und
Elisa, den Sohn Saphats, sollst du zum Propheten salben
an deiner Statt. Und so wird es kommen: wer dem Schwert
Hasaels entrinnt, den wird Jehu töten, und wer dem
Schwert Jehus entrinnt, den wird Elisa töten. Doch sie-
bentausend will ich in Israel übriglassen: alle, deren
Kniee sich vor Baal nicht gebeugt und deren Mund ihn
nicht geküßt hat.«   *(1. Könige 19, 1—18)*

Man sollte es kaum für möglich halten: Eben stand er
noch auf dem Karmel vor König und Volk, dieser Elia,

aufrecht und kühn, wie ein Fels in der Brandung, der nicht wankt und weicht, nicht einen Zoll, und nun finden wir ihn unter dem Ginsterstrauch in der Wüste, verzweifelt, ermattet, am Ende seiner Kraft. Man sollte es nicht für möglich halten, wenn wir nicht aus eigener Erfahrung wüßten, wie nahe beides beisammen ist: die kühne Zuversicht und die lähmende Verzagtheit, der stolze Mut und die bleiche Angst. Es ist nur ein kleiner Schritt vom Stehen zum Fallen, vom Überwinden zum Unterliegen. Auch ein Knecht Gottes wie Elia weiß davon, und die Bibel verschweigt es nicht, daß im Leben dieses gewaltigen Propheten eine Stunde kam, da ihn aller Mut verließ und er buchstäblich am Boden lag wie ein waidwundes Tier, das sich mit letzter Kraft in einen Winkel verkriecht, um dort sein Ende zu erwarten. Wie alle Boten Gottes, von denen die Heilige Schrift erzählt, läßt sie auch Elia einen *Menschen* sein; sie hat nicht einen »gemalten Heiligen« (Luther) aus ihm gemacht. Wir sollen wissen, daß es auch um diesen Mann Gottes einmal ganz dunkel wurde, sodaß von der brennenden Fackel nur noch ein zerstoßenes Rohr und ein glimmender Docht übrig blieb. Nicht mit Übermenschen, mit Menschen führt Gott seine Sache auf Erden, mit verwundbaren Menschen, bei denen es nicht viel braucht, daß sie verzagen, ermatten und die Wogen der Verzweiflung über ihrem Haupt zusammenschlagen. »Gottes Kraft ist in den Schwachen mächtig.«

Wie kommt's, daß Elia so völlig am Ende ist; was ist geschehen? — Im rauschenden Regen lief er vor dem König Ahab her wie ein Herold, dem die Kunde von dem herrlichen Sieg, der errungen ist, übermenschliche Kraft verleiht. Aber war es wirklich ein Sieg? — Andern Tags erzählt der König seinem Weib, der *Isebel,* was auf dem Karmel geschehen ist: der Altar des Baal geschleift, seine Propheten getötet und, so fügt Ahab hinzu, ich hatte weder den Mut noch die Kraft, solches zu verhindern; denn der Gott Elias hat sein Feuer vom Himmel geschleudert! Was sagst du dazu, Isebel, erschrickst du nicht?

Es gibt einen Grad der Verhärtung gegen Gott, der zur Folge hat, daß auch seine Gerichte und Wunderzeichen nur noch größere Verstockung bewirken, und wenn Feuer vom Himmel fällt und das Blut der Erschlagenen die Erde färbt. So auch hier. *Rasender Zorn*, das ist die einzige Frucht, die das Urteil vom Karmel im Herzen der Königin bewirkt: Das soll er mir büßen, dieser Aufrührer, der meine Götter verhöhnt und die Hand an meine Priester gelegt hat. Elia, diesmal entgehst du mir nicht! »Bist du Elia, so bin ich Isebel! Die Götter sollen mir dies und das antun, wenn ich nicht morgen um diese Zeit dir tue, wie du ihnen getan hast.«

Wenn ein Romanschriftsteller die Eliageschichten geschrieben hätte, dann hätte Elia dieser Drohung gespottet: »Wenn Eurer Königlichen Hoheit mit einem Käpplein voll Blut gedient ist, wohlan!« Der Prophet mußte ja wissen, daß er in Gottes allmächtigem Schutz unangreifbar geborgen war. Selbst wenn es Gott der Königin erlaubte, ihre Drohung wahr zu machen, was gilt's? Ein Knecht Gottes muß für seinen Herrn auch das Leben einsetzen und sterben können. Aber die Bibel ist kein Roman, sie ist das wahrhaftigste Buch, das je geschrieben worden ist. So nimmt die Geschichte einen anderen Verlauf: Elia ergreift die Flucht. »Er fürchtete sich, machte sich auf und ging fort, sein Leben zu retten.« Kein Heldenstück, diese Flucht, ganz und gar nicht, und doch: wer will dafür garantieren, daß er anders gehandelt hätte? Es ist das Herz ein trotzig und verzagt Ding. Der Glaube, das heißt das Mit-Gott-Rechnen, ist nichts, was der Mensch in der Tasche hat, das Beharren im Glauben, wenn sich Verfolgung erhebt, zweimal nicht.

Hören wir den großen *Trost,* daß Gott seinen Knecht Elia dennoch nicht losgelassen, nicht weggeworfen hat! Er läßt ihn nicht im Winkel sterben, in jener dunklen Höhle der Verzagtheit, in die sich der Prophet geflüchtet hat.

> *Was zerquälst du deine Seele,*
> *tief betrübt bis in den Tod?*
> *Tritt heraus aus deiner Höhle*
> *und begegne deinem Gott!*

Was zerquälst du deine Seele?

Es ist nicht das erstemal, daß Elia außer Landes flieht. Wir erinnern uns, wie er sich, um den Häschern Ahabs zu entgehen, am Bach Krith verbarg. Aber damals sah alles anders aus: er verließ seinen Platz auf Gottes Befehl. Seine Flucht war ein Akt des Gehorsams und geschah ohne Selbstvorwürfe und ohne Bitterkeit. Jetzt aber hat Elia *eigenmächtig* das Feld geräumt, von Furcht übermannt. Es ist ihm nicht wohl dabei; im Gegenteil: je weiter ihn die Füße tragen, um so schwerer wird die Last der *Frage:* »Durfte ich jetzt meinen Platz verlassen, jetzt, wo es gilt, den rechten Gottesdienst im ganzen Land wieder aufzurichten, wo tausend und abertausend Augen auf mich und meinen Glauben schauen? Hat mir Gott zu dieser Flucht auch nur mit einem einzigen Wort die Erlaubnis erteilt?« Eine solche Frage hat etwas Quälendes, sie zehrt an der Kraft. Vieles kann ein Mensch auf sich nehmen, wenn er mit einem unverletzten Gewissen unter Gottes Befehl und Führung steht. Anders ist's, wenn ein Mensch auf eigenen, selbstgewählten, verkehrten Wegen ist. Da braucht es nicht viel, und man spricht mit Elia: »Ich kann nicht mehr, ich bin *am Ende meiner Kraft!*« Um die geheime Anklage des Gewissens zu beschwichtigen, schiebt man dann meist die Schuld auf die Situation und fängt an, mit Gott zu rechten. Wer weiß, ob Elia nicht ähnlich dachte: Was hab' ich nun davon, daß ich für den Herrn auf die Schanze trat und an den Kampf um seine Ehre meine ganze Kraft, ja mein Leben wagte? Flüchten muß ich wie ein Verbrecher, dem die Bluthunde auf der Spur sind. Nirgends mehr bin ich meines Lebens sicher. *Umsonst* war der Kampf dort auf dem Karmel, umsonst mein Opfer, umsonst mein Gebet. Was hilft das alles, wenn ein Mensch wie diese ‚Isebel über Nacht, was so mühsam erkämpft ist, wieder zunichte machen darf? Mag Gott selbst sehen, wie er seine Sache führt und zu seiner Ehre kommt. Es hat ja doch alles keinen Zweck.

Kennen wir diese Stimmen? Wir werden sie um so besser kennen, je mehr wir in unsrem Leben jemals etwas für den lebendigen Gott gewagt haben. Wer nur seinem eigenen Behagen lebt, kann bei diesem Kapitel nicht mitreden. Elia ist ja nicht am Leben als solchem, sondern am Dienst und Auftrag seines Herrn verzweifelt. Wie bald und wie oft stellt sich hier das *Verzagen* ein! Ein Rückschlag oder Fehlschlag, eine bittere Enttäuschung mit den Menschen und ihrem Wankelmut, und schon sind wir geneigt, den Dienst Gottes zu kündigen, ihm das Geschirr vor die Füße zu werfen. Vergessen sind alle wunderbaren Durchhilfen, alle Beweise seiner Kraft und Herrlichkeit. Es ist, als wären sie nie geschehen. Es ist zum Davonlaufen, sagen wir dann; und Elia sagt es nicht nur — *er läuft davon!* Zunächst in das benachbarte Juda, bis gen Beerseba. Hier läßt er seinen Diener zurück und geht allein hinaus in die Wüste. Warum in die Wüste? — Vermutlich nicht nur deshalb, weil er dort am ehesten vor seinen Verfolgern sicher ist, sondern weil er keinen Menschen mehr sehen will. Er hat genug von den Menschen, mehr als genug. Und nicht nur das, *genug* hat er von dem aufreibenden Kampf um Gott, der, wie der Augenschein beweist, letzten Endes doch fruchtlos bleibt. Mehr noch: er hat genug vom Leben überhaupt. Erschöpft wirft er sich nieder unter dem Ginsterstrauch und »bat, daß seine Seele stürbe«. Er ist wirklich

Tief betrübt bis in den Tod

»Es ist genug, so nimm nun, Herr, mein Leben! Ich bin nicht besser, denn alle meine Väter.« Ein andrer hätte wohl versucht, seine Flucht zu verteidigen oder zumindest zu beschönigen. Nicht so Elia! Er gibt sein *Versagen* offen zu und entschuldigt sich nicht mit dem Hinweis auf seine bedrängte Situation, wiewohl gerade dies ein sehr beliebtes Rezept unter uns Menschen ist. Er weiß: es war nicht recht, daß ich meinen Platz verlassen habe. Ein Prophet hat zu stehen, und wenn's ans Leben geht. Mit derselben Offenheit breitet er vor Gott seine ganze Erschöpfung aus: »Es ist genug, Herr!« Sieh, so steht es um mich, daß ich nur noch um eines bitte: Laß mich morgen nicht mehr zu einem neuen Tag erwachen! Er ist des Lebens müde, jedoch der Gedanke, mit eigener Hand Schluß zu machen, liegt ihm völlig fern. Elia bleibt auch jetzt in dieser Stunde der Verzagtheit ein Mensch *unter Gott*. Mit ihm spricht er und nicht nur mit sich selbst. Das will besonders beachtet sein. Spiele doch keiner mit diesem Gedanken, sich selbst das Leben zu nehmen, denn nicht erst die Tat, schon das Spiel mit diesem Gedanken ist Sünde! Wer am Ende ist, der tue, was Elia tat, und schütte sein Herz aus vor dem Herrn! Es ist schon ein erster Trost und ein halber Sieg, wenn ein Mensch so wie Elia sein Versagen und Verzagen dem Herrn vor die Füße legt. »Er ist nahe bei denen, die zerstoßenen Herzens sind. Er hilft denen, die ein zerschlagen Gemüt haben. Er hat Kraft für die Schwachen und Stärke genug für die Unvermögenden.«

Mitten im bleiernen Schlaf erwacht Elia. Eine Hand hat ihn angerührt, und wie er die Augen öffnet, steht ein *Bote Gottes* vor ihm und spricht: »Steh auf und iß!« Er zeigt ihm ein geröstetes Brot und einen Krug mit Wasser, der zu seinen Häupten steht. Elia ißt und trinkt und legt sich abermals schlafen, indes wohl der Engel Gottes seinen Schlaf bewacht. Ist das nicht wunderbar? Wahrlich, der Herr hat seinen Knecht nicht vergessen! Wie er ihn dort am Bache Krith fest und treu im Auge behielt, so auch jetzt. Einsam, verlassen, verzweifelt lag der Prophet unter dem Ginsterstrauch in der Wüste, zum Sterben bereit, jeder Hilfe und jedes Trostes beraubt; aber die Augen des Herrn, die »alle Lande durchziehen« (Sacharja 4, 10), sahen ihn wohl. Der Herr kennt die Seinen, und »je tiefer einer ist, umso besser sieht er ihn« (Luther). Zum andernmal weckt ihn der Engel: »*Steh auf, iß und trink,* denn du hast einen weiten Weg vor dir!« Er hält dem Erschöpften keine Predigt, er macht ihm keine Vorwürfe noch richtet er einen moralischen Appell an seine Willenskraft. Gottes Barmherzigkeit über seinen Knecht ist eine ganz praktische Barmherzigkeit. Essen, trinken, etwas zu sich nehmen, richtig ausschlafen: das ist das erste, was jetzt not ist, zumal in solchem Zustand der Erschöpfung und Verzweiflung die Wechselwirkung von Leib und Seele eine große Rolle spielt. Wir denken an jenen Engel, durch den Jesus »gestärkt« wurde in der Nacht von Gethsemane (Lukas 22, 43). Denselben

Engelsdienst tut der Bote des Herrn an Elia: wie einen ge-
knickten Halm hat er ihn aufgerichtet. Es ist freilich keine
gewöhnliche Speise, so schlicht sich's ansieht. Wir hören,
wie Elia in Kraft dieser Speise vierzig Tage und vierzig
Nächte durch die Wüste wandert, ohne zu ermatten und
einer weiteren Wegzehrung zu bedürfen. Der Kontakt mit
der Kraft Gottes ist wieder hergestellt.

So gelangt er an den Berg Horeb (Sinai). Er wird in
unsrer Geschichte der »Berg Gottes« genannt: Hier hat Gott
einst Mose gerufen, sein Gesetz offenbart und den Bund
mit seinem Volk gemacht. Es ist eine Stätte voll großer und
heiliger Erinnerungen. Indem Elia an den Horeb wandert,
tut er dasselbe, was wir heute tun, wenn wir unsre (damals
noch nicht geschriebene!) Bibel aufschlagen und uns die
großen Taten Gottes ins Gedächtnis rufen. Wir mögen daraus lernen, daß es kein besseres Rezept gibt in der Stunde
der Anfechtung als dies: sich in die Bibel zu flüchten, sich
in ihrem Schatten zu bergen und auf den Zuspruch Gottes
zu warten. Die Nacht bricht herein und Elia, der Prophet,
sucht Schutz und Obdach in einer *Höhle* (vergleiche Hebräer 11, 38). »Und siehe, da erging das Wort des Herrn an
ihn und sprach: ‚Was tust du hier, Elia?'« Seltsame Frage!
Weiß denn der Herr nicht, aus welchem Grund Elia den
Kampfplatz am Palasttor Ahabs mit einer Höhle vertauscht
hat, wo ihn außer Gott keiner findet? — Er weiß es wohl.
»Du zählst die Wege meiner Flucht« (Psalm 56, 9). Offenbar
hat diese Frage: »Was tust du hier, Elia?« den Sinn, dem
Propheten Gelegenheit zu geben, sein Herz auszuschütten.
Er nimmt die Gelegenheit wahr und verschweigt nichts.
Wie ein Blutsturz aus einer wunden Brust hervorbricht, so
macht er seinem gequälten Herzen Luft: »Geeifert habe ich
für den Herrn, den Gott der Heerscharen, denn Israel hat
dich verlassen; deine Altäre haben sie niedergerissen und

deine Propheten mit dem Schwert getötet. Ich allein bin
übrig geblieben, und sie trachten darnach, mir das Leben
zu nehmen.« Grund genug, so denkt Elia, um sich in eine
Höhle zurückzuziehen! Aber Gott würdigt seine bewegte
Klage nicht eines Worts. Statt dessen gibt er Elia den Befehl, die Höhle zu verlassen; denn eine Höhle ist nicht der
Ort, wo ein Knecht Gottes wohnen und bleiben kann.

Geh heraus aus deiner Höhle
und begegne deinem Gott!

»Geh heraus und tritt auf den Berg vor den Herrn!«
Man wird diesen *Befehl Gottes* nicht nur in seinem wört-
lichen Sinn verstehen dürfen. Nicht nur auswendig, zugleich
und noch viel mehr inwendig hat sich ja Elia in eine Höhle
zurückgezogen, in die Höhle der Verzagtheit, der völligen
Niedergeschlagenheit, der Verzweiflung an Gott und am
Leben überhaupt. Er ist nicht der einzige, der sich in dieser
Höhle befindet; und es gibt noch ganz andere Höhlen, in
die sich ein Mensch zurückziehen kann: die Höhle der Ver-
bitterung, des Haders mit Gott, die Höhle der Selbstbemit-
leidung und der Angst, die Höhle der frommen Selbst-
genügsamkeit oder die Höhle einer stumpfen Gleichgültig-
keit gegen alles, was göttlich ist, nicht zuletzt die Höhle
der Schwermut — lauter Höhlen, in denen sich der Mensch
dem Licht Gottes entzieht und ihm Dienst und Gehorsam
schuldig bleibt. In welche dieser Höhlen wir uns auch ein-
genistet haben, Gott will nicht, daß wir darin bleiben und
umkommen. *Heraus aus deiner Höhle!* so lautet sein Befehl, damit wir ihm neu begegnen. »Und siehe, da ging der

Herr vorüber: ein großer, gewaltiger Sturm, der Berge zerriß und Felsen zerbrach, kam vor dem Herrn her; aber der Herr war nicht im Sturm. Nach dem Sturm ein Erdbeben; aber der Herr war nicht im Erdbeben. Nach dem Erdbeben ein Feuer; aber der Herr war nicht im Feuer. Nach dem Feuer das Flüstern eines leisen Wehens. Als Elia dies hörte, verhüllte er sein Angesicht mit dem Mantel, ging hinaus und trat in die Tür der Höhle.« Man hat an diesen Versen schon viel herumgerätselt und gemeint, daß Gott dem Elia, diesem Feuergeist, der mit dem Schwert um die Ehre seines Herrn geeifert hat (vergleiche 18, 40), eine Art göttlicher Belehrung erteilen wollte. Wenn dem so wäre, warum dann diese seltsam verhüllte Belehrung, wo doch diesem Herrn das klare Befehlswort zu Gebote steht? Und wie reimt sich das mit der harten Gerichtsdrohung über das Haus Ahab, mit der Elia alsbald in Marsch gesetzt wird (Vers 15—18)? — Wir werden gut tun, in diese Zeichen Gottes nicht zu viel hineinzulesen. *Sturm, Erdbeben* und *Feuer* sind die *Signale.* die das Kommen Gottes anmelden. Es sind die Zeugen und Trabanten seiner Macht[1]). Sie stürmen gewaltig daher, und dieser grandiose Aufmarsch der entfesselten Elemente bringt dem Elia erneut zum Bewußtsein: Nicht ein ohnmächtiger, ein wahrhaft *majestätischer* Gott hat mich gerufen! Er spottet aller menschlichen Gewalten. Ein kleiner Wurm ist Ahab vor diesem Gott, eine winzige Fliege die Isebel, und mehr sind sie nicht (vergleiche Jesaja 51, 12. 13). Was habe ich zu fürchten, wenn dieser Gott mit mir im Bunde ist? Im Flüstern eines leisen Wehens verspürt Elia Gottes *Gegenwart.* Jeder Laut erstirbt. In heiliger Furcht, verhüllten Angesichts, tritt er in die Tür der Höhle, ein Lauschender, der wieder hört nach Jüngerweise.

[1]) Vergleiche die Gotteserscheinung am Horeb, 2. Mose 19, 16, bei der Donner, Blitze und Feuer das Nahen Gottes verkündigen.

Was *hört* Elia? Ein *Dreifaches:*

1) daß Gott nicht schläft und nicht säumt. Schon zieht sich das Wetter des Gerichts über Ahabs Haus zusammen.

2) daß er durchaus nicht allein im Kampf um Gottes Ehre übrig blieb. Noch hat der Herr siebentausend, die ihre Kniee nicht vor Baal beugten.

3) daß Gott einen Mann zum Propheten an seiner Statt ersehen hat und dafür sorgt, daß sein Feuer nicht erlischt. Ein neuer Befehl und Auftrag wird ihm erteilt. Mehr bedarf es nicht, um ihn wieder aufzurichten. Er ist seinem Gott *begegnet* und seines Gottes wieder ganz *gewiß*. Das ist die entscheidende Hilfe, die ihm am Horeb zuteil geworden ist. Mit tiefer Beschämung und großer Freude zugleich darf der Prophet erkennen: Gott, mein Gott hat mich nicht aus seinem Dienst entlassen. Ich bin weggelaufen und habe ihm das Geschirr vor die Füße geworfen, ich habe mich in meine Höhle verkrochen, ein Versagender und Verzagender; aber er ist mir nachgegangen, er hat mich gefunden in meiner Höhle und herausgeholt. Er, mein Herr und mein Gott, der mir unter Bitterkeiten und Fehlschlägen entschwunden war, ist da, lebendig und gegenwärtig, allmächtig und barmherzig. Ich sehe ihn nicht, aber ich verspüre seinen Hauch, und ich darf wieder vor ihm stehen wie einst, als man von Elia sagte: ein Mann, der vor Gott steht.

So macht er sich auf und wirft seinen Mantel über Elisa, den sich der Herr ersehen hat. Es ist, wie wenn eine Fackel an einer andern entzündet wird. Gottes Wort läuft, allen Ahabs und Isebels zum Trotz. O ihr Kleingläubigen, warum seid ihr so furchtsam?

> Sprich nicht mehr: »Es ist genug!«
> mit zerquälter Seele,

tritt erfaßt vom Funkenflug
Gottes aus der Höhle!
Bist du gleich im Kampf erschlafft,
Er will dich bewirten
und mit neuer, großer Kraft
deine Lenden gürten.

*Herr Gott, barmherzig und gnädig, geduldig und von
großer Treue, Du kennst unser Herz. Auch die Stunden, in
denen wir verzagt und mutlos am Boden lagen, sind Dir
nicht verborgen. Dank sei Dir, daß Du uns dennoch nicht
verstoßen und weggeworfen hast als unnütze Knechte! Laß
den glimmenden Docht unseres Glaubens wieder zur hellen
Flamme werden und schenke allen, die an ihrem Amt verzagen, eine neue Begegnung mit Dir. Gedenke besonders
der Betrübten, die sich mit Schwermut quälen, nach Deiner
großen Barmherzigkeit. Du kannst einem jeden aufhelfen
und willst uns das Versagen nicht anrechnen. Laß uns
des inne werden, daß wir mit neuer Kraft Deiner Befehle
warten. Amen.*

Macht wider Recht

*Nach diesen Geschichten begab sich's, daß Naboth von
Jesreel einen Weinberg hatte in Jesreel neben dem Palast
Ahabs, des Königs von Samaria. Und Ahab redete mit
Naboth und sprach: »Gib mir deinen Weinberg, ich will
mir einen Gemüsegarten daraus machen, weil er so nah
bei meinem Palast liegt! Ich gebe dir einen besseren
Weinberg dafür oder, wenn es dir gefällt, will ich dir den
Kaufpreis in Geld bezahlen.« Naboth aber sprach zu
Ahab: »Davor bewahre mich der Herr, daß ich dir das
Erbe meiner Väter geben sollte!« Da ging Ahab heim,
mißmutig und voll Zorn über die Antwort, die Naboth
von Jesreel ihm gegeben hatte, als er sprach: »Ich gebe
dir das Erbe meiner Väter nicht«. Und er legte sich auf
sein Bett, wandte sein Angesicht gegen die Wand und aß
nichts.*

*Da kam sein Weib Isebel zu ihm herein und fragte ihn:
»Warum bist du denn so mißmutig und issest nichts?« Er
antwortete ihr: »Ich habe mit Naboth von Jesreel geredet
und zu ihm gesagt: ‚Gib mir deinen Weinberg um bares
Geld oder, wenn es dir lieber ist, will ich dir einen andern
dafür geben.‘ Er aber sagte: ‚Ich gebe dir meinen Weinberg nicht.‘« Da sprach sein Weib Isebel zu ihm: »Führst
du eigentlich noch das Regiment in Israel? Steh auf und
iß und sei guten Muts! Ich verschaffe dir den Weinberg
Naboths von Jesreel.«*

*Und sie schrieb Briefe im Namen Ahabs und versiegelte
sie mit seinem Siegel und sandte sie an die Ältesten und*

an die Vornehmen, die mit Naboth zusammen in der Stadt wohnten. In den Briefen schrieb sie: »Ruft ein Fasten aus und laßt Naboth unter den Leuten obenan sitzen! Und setzt zwei nichtswürdige Menschen ihm gegenüber; die sollen wider ihn zeugen und sagen: ,Du hast Gott und dem König geflucht.' Dann führt ihn hinaus und steinigt ihn zu Tode! *Und die Ältesten und die Vornehmen, seine Mitbürger, die in seiner Stadt wohnten, taten, wie ihnen Isebel entboten hatte, wie in den Briefen geschrieben war, die sie ihnen gesandt: Sie riefen ein Fasten aus und ließen Naboth unter den Leuten obenan sitzen. Da kamen die zwei nichtswürdigen Menschen, setzten sich ihm gegenüber und legten vor den Leuten wider Naboth Zeugnis ab, indem sie sprachen:* »Naboth hat Gott und dem König geflucht.« *Da führten sie ihn vor die Stadt hinaus und steinigten ihn zu Tode.*

Als Isebel hörte, daß Naboth zu Tode gesteinigt worden sei, sprach sie zu Ahab: »Steh auf und nimm den Weinberg, den Naboth von Jesreel dir um Geld nicht geben wollte, in Besitz! Naboth lebt nicht mehr; er ist tot.« *Als Ahab hörte, daß Naboth tot sei, stand er auf, um nach dem Weinberg Naboths von Jesreel hinabzugehen und ihn in Besitz zu nehmen.*

Aber das Wort des Herrn erging an Elia, den Thisbiter, und sprach: »Mache dich auf, geh hinab und tritt vor Ahab, den König von Israel, der in Samaria wohnt! Er ist eben in den Weinberg Naboths hinabgegangen, ihn in Besitz zu nehmen. Und sage ihm: ,So spricht der Herr, du hast gemordet und in Besitz genommen!' Und dann sage zu ihm: ,So spricht der Herr, an der Stätte, wo die Hunde das Blut Naboths geleckt haben, sollen die Hunde auch dein Blut lecken!'« *Ahab sprach zu Elia:* »Hast du mich gefunden, mein Feind?« *Er antwortete:* »Ja, ich habe

dich gefunden, weil du dich dazu hergegeben hast, zu tun,
was dem Herrn mißfällt. Siehe, ich will Unglück über
dich bringen und dich wegfegen und will ausrotten von
Ahabs Geschlecht alles, was männlich ist, darum daß du
mich zum Zorn gereizt und Israel zur Sünde verführt
hast.« Auch über Isebel redete der Herr und sprach: »Die
Hunde sollen Isebel fressen auf dem Felde von Jesreel!«

(1. Könige 21, 1—23)

Ahab und Naboth — das sind zwei Namen, die man nicht
vergißt; Ahab und Naboth — das heißt Macht wider Recht!
Schon sind wir mitten in der Gegenwart. Kann die *Macht*
das Recht mit Füßen treten? — Jawohl, sagt die Bibel, und
solches geschieht nicht nur in Jesreel. Zertritt die Macht
das *Recht* ungestraft? — Nein, sagt die Bibel, in keinem
Fall, nimmermehr!

»Nach diesen Geschichten begab sich's, daß Naboth, ein
Jesreeliter, einen Weinberg hatte zu Jesreel, bei dem Palast
Ahabs, des Königs zu Samaria.« Es fügte sich so und niemand, weder Ahab noch Naboth dachte sich etwas Schlim-
mes dabei. Jeder hat sein Stück *Land,* der Herrscher und
der Bürger, und es ist nicht irgend ein Land, sondern —
das ist zum Verständnis der Geschichte überaus wichtig —
es ist das Land Gottes, das er seinem Volk verheißen hat,
in dem er die Kinder Israel wohnen ließ und zur Ruhe
brachte. Über diesem Land hat Gott das Panier seiner Herrschaft aufgerichtet zu einem Zeichen, daß ihm die Erde gehört (Psalm 24, 1), daß er der Herr über alle Lande ist.
Hier also haben sie beide ihr Stück Land, der König seinen
Park und Naboth seinen Weinberg. Einen geradezu idylli-
schen Anfang nimmt die Geschichte. Aber eines Tags schielt
der König Ahab über den Zaun, der das Erbteil Naboths

von seinem Besitztum trennt. Er verspürt Lust, dessen Weinberg seinem Krongut einzuverleiben. Dieses begehrliche Hinüberschielen ist der Anfang seiner Sünde. Nicht umsonst sagt Jesus in der Bergpredigt: »Das *Auge* ist des Leibes Licht. Ist dein Auge lauter, so wird dein ganzer Leib licht sein; ist aber dein Auge böse, wird dein ganzer Leib finster sein« (Matthäus 6, 22). Nicht umsonst hat Hiob einen Bund mit seinen Augen gemacht (Hiob 31, 1). Das Auge ist das Einfallstor der Begehrlichkeit. Die Begehrlichkeit aber ist die Wurzel, aus der das Böse, in diesem Fall Rechtsbruch, Raub, Frevel und Mord, entsteht.

Zunächst versucht der König, auf gütlichem Weg zum gewünschten Ziel zu kommen. Er bietet Naboth einen angemessenen Kaufpreis oder entsprechenden Gegenwert. Aber Naboth *weigert* sich auf sein Angebot einzugehen. »Davor bewahre mich der Herr, daß ich dir das Erbe meiner Väter geben sollte!« Warum weigert er sich? — Nicht aus starrköpfigem Eigensinn; das eigentliche Motiv dieser Weigerung ist Naboths Frömmigkeit. Dieser Weinberg ist sein Anteil an Gottes heiligem Land; und damit handelt man nicht, wenn man ein Bürgerrecht hat in Gottes Volk. Ahab müßte es wissen, aber was gilt ihm die Treue! Er ist über die strikte Ablehnung seines Projekts verstimmt, wirft sich verdrossen auf sein Bett und rührt keinen Bissen an wie ein ungezogenes, verwöhntes Kind, das auf die Erfüllung seiner Wünsche nicht verzichten kann. *Isebel,* sein Weib, forscht nach dem Grund: »Was ist's, daß du so mißmutig bist und nichts essen magst?« Ahab erzählt ihr, was vorgefallen ist. »Wie«, sagt sie entrüstet, »so etwas läßt du dir bieten? Was glaubt denn dieser Naboth eigentlich? Führst du nicht das Regiment in Israel? Steh auf, iß und trink und sei guten Muts! Ich verschaffe dir den Weinberg des Naboth von Jesreel.« Was willst du tun, fragt

Ahab, was führst du im Schild? Ach, wenn er doch so gefragt hätte! Aber nein, er stellt sich auf den Standpunkt: Ich weiß von nichts und will mit dieser Sache nichts zu schaffen haben. So wird er *mitschuldig* an allem, was geschieht. Wir hören, wie Naboth, unschuldig und ahnungslos, das Opfer einer mit satanischer Klugheit gesponnenen Intrige wird. Spielend, mit einer erschreckenden Folgerichtigkeit erreicht Isebel ihr Ziel; aber weder Ahab noch Isebel werden dieser Untat froh.

> *Weh dem, der das Recht verletzt,*
> *seine Macht zu stützen!*
> *Gottes Schwert ist schon gewetzt —*
> *einmal wird es blitzen!*

Weh dem, der das Recht verletzt, seine Macht zu stützen!

Unter allen Freveln, deren sich ein Mensch schuldig machen kann, wiegt nach dem Zeugnis der Schrift der Rechtsbruch im Urteil Gottes besonders schwer, und zwar deshalb, weil das *Recht* nicht nur ein klug erdachter Ausgleich menschlicher Interessen ist. Das Recht ist von Gott *gesetzt*. Er selbst regiert in oberster Instanz, und er regiert nicht mit parteilicher Willkür, sondern mit Recht und Gerechtigkeit. Allem Unrecht ist er im tiefsten Herzen feind, deshalb hat er seinem Volk eine feste, klare Grenzen ziehende Rechtsordnung gegeben, und auch den Heiden, die das Gesetz nicht haben, ist »das Werk des Gesetzes in ihre Herzen geschrieben« (Römer 2, 15). Er wacht über das Recht, und seine Propheten, ein Amos, Jesaja, Jeremia und andere, haben diese Tatsache, daß der lebendige Gott ein Schutz- und Schirmherr des Rechts ist, mit größtem Nachdruck eingeschärft. »Im Reich dieses Königs hat man das Recht lieb« (Psalm 99, 4). Aber der König Ahab scheint es nicht lieb zu haben; Isebel erst recht nicht! Sie beugen und zertreten das Recht, und es ist mit Händen zu greifen, wie diese Rechtsbeugung mit ihrem gottlosen Treiben in Verbindung steht. Die Abwendung von dem allein wahren Gott, das Verlassen der Gottesfurcht, die Hinwendung zum Baal hat die Beugung des Rechts im Gefolge. Das ist nicht nur zu Ahabs Zeiten der Fall. Wir haben's erlebt und erleben es heute mit Schrecken, wie in jedem totalen Staat, in dem die Ehre Gottes mißachtet und seine Herrschaft geleugnet wird, das Recht gewissenlos den »politischen Belangen« geopfert wird. Nimm die Furcht Gottes aus den Herzen der Mächtigen, und du wirst unweigerlich die Erfahrung machen, daß das Recht in die Brüche geht! Man könnte das, was in Ahabs Palast geschieht, als ein klassisches Beispiel für diesen Satz bezeichnen; aber es ist nicht klassisch, es ist entsetzlich.

Mit einer zynischen Hemmungslosigkeit mißbraucht Isebel das Instrument der Macht. Sie schreibt ihre Briefe an die Ältesten und maßgebenden Männer der Stadt, in denen sie verlangt, Naboth vor Gericht zu laden und auf dem Weg der Denunziation zur Strecke zu bringen. »Ruft ein Fasten aus (einen Buß- und Einkehrtag für alles Volk), und dann kauft euch zwei falsche Zeugen, die wider Naboth Anklage erheben: ‚Er hat Gott und dem König geflucht!‘ Dann führt ihn hinaus und steinigt ihn zu Tode!« Was liegt an Naboth! Einer mehr, einer weniger — ein Menschenleben ist schnell ausgelöscht — der König hat Untertanen genug, die sich unter seine Befehle ducken. Was liegt an der Wahrheit! So genau kann man es damit nicht nehmen, wenn es um wichtige Interessen derer geht, die nun einmal die Macht in Händen haben. Was liegt an Recht und Gerechtigkeit! Recht ist, was dem König nützt, oder ein andermal: Recht ist, was dem Volk nützt. Nein, sagt die Bibel, *Recht ist, was vor Gott recht ist; alles andre ist Lüge!* Man sollte meinen, daß solche Lügen in sich selbst zusammenbrechen; aber leider bleibt diese Erwartung unerfüllt. Wo die Lüge mit der Macht im Bunde ist, ist in dieser Welt das Recht noch immer unter die Räder gekommen. Das weiß die Bibel und spricht es auch aus mit einer geradezu erschreckenden Offenheit. Isebel braucht nur auf den Knopf zu drücken, so meint man, und schon hat sie ihr Ziel erreicht. »Die Ältesten und Vornehmen der Stadt taten, wie ihnen Isebel entboten hatte.« Es war ihnen gewiß nicht wohl dabei, aber »Befehl ist Befehl«, so dachten sie. Auch wenn es nicht mit rechten Dingen zugeht — die Order trägt des Königs Siegel. Nicht einer steht auf und zerfetzt den Brief in heiligem Zorn, nicht einer weigert sich, zu dem Frevel an Naboth die Hand zu bieten. Mag es Isebel verantworten! Ich bin ja schließlich nur ausführendes Organ. Nicht wahr, wir kennen diese Einstellung. Man delegiert seine persönliche Verantwortung auf die vorgesetzte Befehlsgewalt; als ob irgend ein Mensch sein Gewissen damit salvieren könnte! So geschieht's, daß Naboth, ein unbescholtener Mann, vor Gericht gestellt wird. Man läßt ihm keine Zeit, seine Unschuld nachzuweisen. Das Todesurteil wird ausgesprochen und noch am selben Tag vollstreckt. Ehe noch die Sonne untergeht, ist alles vorbei.

Da aber Isebel hörte, daß Naboth zu Tode gesteinigt worden war, sprach sie zu Ahab: »Steh auf und nimm den Weinberg in Besitz! Naboth lebt nicht mehr; er ist tot.« Man sollte erwarten, daß der König erbleicht und mit erregter Stimme spricht: »Was hast du getan? Das habe ich nicht gewollt!« Aber er nimmt's zur Kenntnis, als habe Isebel nicht einen Menschen umgebracht, sondern eine Fliege an die Wand gedrückt. Geschehen ist geschehen. Warum war er auch so eigensinnig, dieser Naboth von Jesreel? Vielleicht ist es ganz gut, wenn wieder einmal ein Exempel dafür im Land statuiert ist, daß man dem Herrscher besser nicht widerspricht. So blind kann die Macht den Menschen machen! Wenn sie nicht in der Furcht Gottes verwaltet wird, erdrosselt sie das Gewissen und damit jedes Empfinden für Recht und Gerechtigkeit. Unbekümmert leitet Ahab die nötigen Schritte ein, um den Weinberg des Naboth, der in diesem Fall an die Krone fällt, in Besitz zu nehmen. Er läßt den Zaun niederreißen, und niemand wehrt es ihm, kein Mensch und — kein Gott. Wo bleibt die Gerechtigkeit?!

Naboth ist nicht der einzige, dessen Schicksal und Ende uns mit dieser Frage quält. Wir denken an die Gefängniszelle, in der Johannes der Täufer den Tod mit dem Schwert erlitt, an die Steinwürfe, unter denen Stephanus, der erste Blutzeuge der Kirche, zusammenbrach, an den Scheiterhaufen, auf dem Polykarp, der Bischof von Smyrna starb, an die Bluturteile der Gestapo und all das tausendfältige Unrecht, das auf Erden geschieht. Jawohl, sagt die Bibel, so geht es zu in dieser Welt: Recht und Wahrheit werden mit Füßen getreten, Tyrannen werfen sich auf, brutal wird die Macht mißbraucht. Leiden und schweigen muß der Gerechte. Die Gewalt triumphiert. Blut, Bäche von Blut trinkt die Erde, das schuldlos vergossen wird, und mitten inne steht das Kreuz, an dem Gottes eigener Sohn zu Tode gemartert wird. Warum dies alles geschehen darf, ohne daß Gott diesem Mißbrauch der Macht entgegentritt? — Diese Frage wird uns nicht gelöst, auch wenn sie im Licht der Auferstehung Christi ihren quälenden Stachel verloren hat, um so klarer aber ist die *Drohung,* welche die Bibel an alle richtet, die das Recht mit Füßen treten: Weh dem, der das Recht verletzt, seine Macht zu stützen! Das muß nicht in der Weise geschehen, daß ein Mensch buchstäblich. wie Ahab über Leichen geht. Nur wenige haben die Macht und die Möglichkeit, in dieser brutalen Weise den Tyrannen zu spielen. Aber sobald wir aus diesem Wort *»Tyrann«* ein Zeitwort bilden, merken wir mit Schrecken, wie sehr die Versuchung, der Ahab erlag, an jeden Menschen herantritt, dem auch nur eine Handvoll Macht über andere gegeben ist. »Tyrannisieren« — das fängt nicht selten schon in der Ehe, in den eigenen vier Wänden an, das ist eine Praxis, mit seinen Untergebenen umzugehen, die in allen Schichten der Gesellschaft ihre Vertreter hat. Das Recht der andern verkürzen, um sich selbst nach vorn zu drängen, ans Ziel seiner Wünsche zu kommen und die eigene Macht zu stützen, dazu muß man kein König sein, das passiert in den Betrieben und Kontoren, auf den öffentlichen Ämtern und in den freien Berufen, wo immer die Interessen der Menschen zusammenstoßen. Hüte sich ein jeder, daß er nicht ein Ahab im kleinen werde! Es ist ein Leichtes, die schmale Grenze, die zwischen Recht und Unrecht verläuft, zu den eigenen Gunsten zu verrücken; aber es kann und wird nicht gut ausgehen, in keinem Fall. Weh dem, der das Recht verletzt, seine Macht zu stützen!

Gottes Schwert ist schon gewetzt, einmal wird es blitzen!

»Aber das Wort des Herrn erging an Elia, den Thisbiter, und sprach: ‚Mache dich auf, geh hinab und tritt vor Ahab, den König von Israel!'« Es ist dasselbe *Aber,* das in der Erzählung von der Blutschuld Davids an Uria solch einen drohenden Abschluß bildet: »*Aber* die Tat gefiel dem Herrn übel, die David tat« (2. Samuel 12, 27). Der Donner Gottes grollt in diesem Aber zu einem Zeichen, daß sich sein Gericht über dem, der das Recht verhöhnt hat, zusammenzieht. Zum drittenmal tritt Elia dem König Aug' in Auge gegenüber auf Gottes Befehl, um ihm das Gericht anzusagen. »So spricht der Herr: ‚Du hast gemordet und in Besitz genommen. An der Stätte, wo die Hunde das Blut Naboths geleckt haben, sollen die Hunde auch dein Blut lecken!'« Es gibt zu denken, wie *genau* Gott *informiert* ist über das, was geschehen ist. Es ist ihm nichts entgangen! Er hat der Isebel über die Schulter geschaut, als sie mit fliegender Hand jene verhängnisvollen Briefe schrieb. Er hat zugehört, als die Ältesten von Jesreel wider besseres Wissen und Gewissen über Naboth das Urteil fällten. Er war des Zeuge, wie die Steine flogen und Naboth blutüberströmt zusammenbrach. Und als die Hunde kamen, angelockt von dem frischen Blutgeruch, und sich niemand mehr außer diesen räudigen Straßenhunden um Naboth kümmerte, da war das Auge Gottes noch immer unverwandt auf ihn gerichtet. Keinen läßt Gott aus den Augen, der in dieser Welt zu Unrecht leiden und sterben muß. Glaube doch niemand, daß dieser Gott nicht um alles wisse, auch dann, wenn das Unrecht nicht so brutal und öffentlich, sondern unter der Maske des Biedermanns, in größter Heimlichkeit geschieht! Gott ist aufs genaueste informiert.

Es fällt ferner auf, wie *direkt* der König Ahab mit seiner Schuld *behaftet* wird: *Du* hast gemordet, du hast an dich gerissen, was dir nicht gehört! Ich? so könnte Ahab einwenden, ich habe von nichts gewußt, ich habe weder die Briefe geschrieben noch das Todesurteil unterzeichnet; aber wer von Gott gestellt wird, der wagt es nicht mehr, sich mit solchen Entschuldigungen herauszureden. Es ist ja nicht wahr, daß Ahab nichts gewußt hat von alledem. Er wußte genau, daß Isebel ihm den Weinberg Naboths nur durch eine brutale Beugung des Rechts verschaffen konnte. Man wird sich die Tatsache, daß Gott diesen Einwand nicht gelten läßt, besonders merken müssen. »Errette die, so man zu Tode schleppt, und wenn sie zur Schlachtbank wanken, o tue Einhalt! Wenn du wirst sagen: ,Sieh, wir haben nichts davon gewußt' — fürwahr, der die Herzen wägt, durchschaut es, und der deine Seele beobachtet, der merkt es wohl! Er vergilt dem Menschen nach seinem Tun« (Sprüche 24, 11. 12).

Zum dritten ist es erschreckend zu beobachten, wie *exakt* Gott dem Frevler seine Mordtat *heimzahlt* auf seinen Kopf. »An d e r Stätte, wo die Hunde das Blut Naboths geleckt haben, werden die Hunde auch dein Blut lecken.« Es ist eine Vergeltung von mathematischer Genauigkeit; und der Chronist erzählt, daß sich dieses Drohwort Gottes an dem König Ahab ebenso unheimlich wie buchstäblich erfüllt hat. Drei Jahre hernach traf ihn in offener Feldschlacht ein verirrter Pfeil zwischen Ringelgurt und Panzer. Ahab ist auf seinem Streitwagen verblutet, und als man den Wagen wusch am Teich von Samaria, drängten sich die Hunde herzu und leckten sein Blut nach dem Wort, das der Herr durch Elia geredet hatte (1. Könige 22, 38). In derselben Weise wurde Isebel von ihrem Schicksal ereilt und nahm ein Ende mit Schrecken (2. Könige 9, 30—37).

Wohl ist es wahr: Wir können diese Gegenrechnung Gottes nicht nachprüfen. Oft gehen Jahrzehnte darüber hin, bis Gottes Urteil vom Himmel fällt. Nicht selten nimmt der Tyrann, der große und der kleine, seine Freveltat ungesühnt mit in sein Grab. Die Weltgeschichte ist nicht das Weltgericht (Schiller), jedenfalls geht, soviel unsre Augen das beurteilen können, diese Rechnung nicht auf. Dennoch gilt, was diese Geschichte sagt, daß die Macht das Recht nicht ungestraft zertritt. Schon jetzt tut Gott zuweilen ein *Zeichen,* daß uns die Ohren gellen. Wir haben noch ganz andre Tyrannen als Ahab und Isebel stürzen sehen! Und — das ist das Zweite, was hier zu sagen ist — es kommt der Tag, an dem Gott sein Schwert entblößt vor aller Augen. »Er wird den Erdboden richten mit Gerechtigkeit und die Völker mit Recht« (Psalm 98, 9). Dann wird der Prozeß Naboths nocheinmal aufgerollt werden. Allen, die weiland hier trugen des Kreuzes Joch und der Tyrannen Pein, wird ihr Recht zuteil. Und umgekehrt: Keiner wird sich dann verbergen können und seinem Urteil entrinnen. Noch ist Gott *Richter* auf Erden, und er bleibt es auch in letzter Instanz. Dessen getröste dich im Blick auf alle, die Unrecht und Gewalttat leiden müssen! Dies halte dir vor Augen, wenn du in Versuchung kommst, die Grenze zwischen Recht und Unrecht zu verrücken, Macht und Einfluß zu mißbrauchen! Das laß dir zur Warnung dienen, daß du doch ja kein unbereinigtes Unrecht mit in dein Grab hinunternimmst! Es ist nicht wahr, daß das Gras darüber wächst. »Wir müssen alle offenbar werden vor dem Richtstuhl Christi, auf daß ein jeglicher empfange, nach dem er gehandelt hat bei Leibesleben, es sei gut oder böse« (2. Korinther 5, 10). Auch die Mächtigen dieser Erde sind hievon nicht ausgenommen. Darum

Fürchtet nicht der Menschen Macht,
fürchtet Gott vor allen!
Laßt ihm, der das Recht bewacht,
euer Lob erschallen!

*Herr, Du weißt, wie oft wir Anstoß daran nehmen, daß
so viel Unrecht und Gewalttat auf Erden geschieht und Du
denen nicht wehrst, die das Recht zertreten. Aber Dein Wort
sagt uns, daß Du die Schuldigen findest und auch den Mächtigen ein unbestechlicher Richter bist. Gib, daß wir Dein
Urteil fürchten und alles Dir anheimstellen. Du wirst vergelten. Wir bitten Dich für alle, die bei Menschen vergeblich ihr Recht suchen und Verfolgung leiden. Sei Du ihr
Anwalt und Erretter. Schirme, o Herr, das Recht in allen
Ständen und Landen, wehre der Machtgier und Raffgier,
der Lüge und Heimtücke. Erhalte uns bei dem Einen, daß
wir Deinen Namen fürchten, lieber Unrecht leiden als
unsern Vorteil wahren und den Elenden zu ihrem Recht
verhelfen. Und wenn der Tag kommt, da Du aller Welt
ihr Urteil sprichst, sei uns ein gnädiger Richter durch Jesus
Christus, unsern Herrn. Amen.*

Im Wetter gen Himmel

Um die Zeit aber, da der Herr den Elia im Wetter gen Himmel fahren ließ, begab es sich, daß Elia und Elisa von Gilgal weggingen. Und Elia sprach zu Elisa: »Bleibe doch hier; denn der Herr hat mich nach Bethel gesandt!« Elisa aber erwiderte: »So wahr der Herr lebt und so wahr du selber lebst, ich lasse dich nicht!« So gingen sie hinab nach Bethel. Da kamen die Prophetenjünger, die in Bethel waren, zu Elisa heraus und sprachen zu ihm: »Weißt du, daß der Herr heute deinen Meister über deinem Haupt entrücken wird?« Er antwortete: »Ich weiß es auch; schweigt nur still!« Wieder sprach Elia zu ihm: »Elisa, bleibe doch hier; denn der Herr hat mich nach Jericho gesandt!« Er aber erwiderte: »So wahr der Herr lebt und so wahr du selber lebst, ich lasse dich nicht!« So kamen sie nach Jericho. Da traten die Prophetenjünger, die in Jericho waren, zu Elisa und sprachen zu ihm: »Weißt du, daß der Herr heute deinen Meister über deinem Haupt entrücken wird?« Er antwortete: »Ich weiß es auch; schweigt nur still!« Wieder sprach Elia zu ihm: «Bleibe doch hier; denn der Herr hat mich an den Jordan gesandt!« Er aber erwiderte: »So wahr der Herr lebt und so wahr du selber lebst, ich lasse dich nicht!« So gingen die beiden miteinander. Auch fünfzig von den Prophetenjüngern gingen mit, blieben aber abseits in einiger Entfernung stehen, während die beiden an den Jordan traten. Da nahm Elia seinen Mantel, wickelte ihn zusammen und schlug damit auf das Wasser; das teilte sich nach beiden Seiten, so daß die zwei trocken hindurchgehen konnten.

Als sie hinüberkamen, sagte Elia zu Elisa: »Erbitte dir,
was ich für dich tun soll, ehe ich von dir genommen
werde!« Elisa sprach: »So möge mir denn ein zwiefältig
Teil von deinem Geiste zufallen!« Er antwortete: »Du
hast Schweres erbeten. Wenn du siehst, wie ich von dir
entrückt werde, so wird es dir zuteil werden; wo nicht, so
wird es dir nicht zuteil werden.«

Während sie so im Gespräch dahingingen, siehe, da
kam plötzlich ein feuriger Wagen mit feurigen Rossen
und trennte die beiden. So fuhr Elia im Wetter gen Him-
mel. Als Elisa dies sah, schrie er: »Mein Vater, mein Va-
ter! Wagen Israels und seine Reiter!« Dann sah er ihn
nicht mehr. Da faßte er seine Kleider und zerriß sie in
zwei Stücke. Darnach hob er den Mantel auf, der Elia
entfallen war, kehrte um und trat an das Gestade des
Jordan. Und er nahm den Mantel, der Elia entfallen war,
schlug damit auf das Wasser und sprach: »Wo ist nun der
Herr, der Gott Elias?« Wie Elisa so aufs Wasser schlug,
teilte es sich nach beiden Seiten, und Elisa ging hindurch.

(2. Könige 2, 1—14)

Im Brief an die Hebräer steht das Wort: »Gedenket an
eure Lehrer, die euch das Wort Gottes gesagt haben! Ihr
Ende schauet an und folget ihrem Glauben nach (13, 7)!«
Ihr *Ende* schauet an: offenbar deshalb, weil daraus Ent-
scheidendes zu lernen ist. Daß es zu Ende geht mit jedem
Menschen, liegt offen am Tage. Aber *wie* es zu Ende geht,
da scheidet sich's wie Feuer und Wasser, Sommer und Win-
ter, Tag und Nacht. »Sie nehmen ein Ende mit Schrecken«,
sagt der 73. Psalm im Blick auf die Gottlosen; »du setzest
sie aufs Schlüpfrige, sie werden plötzlich zunichte«. »Wir
überwinden weit (wörtlich: wir siegen hoch!)«, sagt der

Apostel Paulus im 8. Kapitel des Römerbriefs. Genau das gleiche könnte man über das Ende schreiben, das Gott seinem Knecht Elia bereitet hat. Ein Triumph ist dieses Ende, ein *strahlender Sieg!* Im Wetter läßt Gott seinen Knecht gen Himmel fahren, auf feurigem Wagen holt er ihn heim in seine Herrlichkeit; entrückt wird Elia, ohne daß er des Todes Bitterkeit schmecken mußte. Gott hat etwas Besonderes an ihm getan, wie es im Alten Bund nur noch dem Henoch widerfuhr (1. Mose 5, 24); denn dieser Elia war und ist eben auch ein Besonderer. Man kann sich schlecht vorstellen, daß er auf einem Strohbündel hätte sterben sollen. Wie ein Feuer brach er hervor, und wie eine Fackel brannte sein Wort — so haben wir gehört. Mit flammender Leidenschaft trat er der Verführung und dem Abfall von Gott entgegen. Das Feuer des Herrn rief er auf dem Karmel vom Himmel herab. Damit stimmt zusammen, daß er auf feurigem Wagen, mit feurigen Rossen bespannt, in den offenen Himmel fuhr. Noch sein Ende soll ein Zeichen Gottes, eine Prophetie, eine Predigt sein. Dies aber ist die Predigt, die uns dieses Ende des Propheten hält:

> *Schicke dich zum letzten Gang*
> *still und ohne Zagen!*
> *Wer für Gott ins Feuer sprang,*
> *wird auch heimgetragen.*

Schicke dich zum letzten Gang
still und ohne Zagen!

»Um die Zeit aber, da der Herr den Elia im Wetter gen
Himmel fahren ließ, begab es sich, daß Elia und Elisa von
Gilgal weggingen.« Elia weiß: meine Zeit ist nahe, und so
macht er sich auf, nur von seinem Schüler Elisa begleitet,
den letzten Weg unter die Füße zu nehmen. Manchen Weg
hat er für seinen Gott gemacht: den gefährlichen Weg in
Ahabs Palast, den beschwerlichen Weg der Flucht in die
Einöde, den steilen Weg auf den Karmel, den langen Weg
an den Berg Gottes Horeb und wieder zurück — Wege, wie
sie ihm Gott befahl. Es ist wichtig, auf welchen *Wegen* ein
Mensch bei Lebzeiten gegangen ist, ob auf eigenen und
bösen Wegen (Psalm 139, 24) — oder auf den Wegen des
Gehorsams. Es ist gerade dann doppelt wichtig, wenn es
gilt, die letzte Wegstrecke anzutreten; denn meist ist es
nicht mehr möglich, in letzter Stunde noch den Kurs zu
ändern.

Elia fordert den Elisa auf, in Gilgal zurückzubleiben.
Man kann's verstehen. Es gibt Stunden, in denen man am
liebsten mit sich selbst und seinem Gott allein sein möchte;
aber Elisa weicht nicht von seiner Seite, nicht in Gilgal,
nicht in Bethel noch in Jericho. Auch dies kann man verstehen. Es gibt Menschen, die man am liebsten nicht ziehen
lassen oder doch wenigstens bis zuletzt begleiten möchte.
So wandern sie zusammen, und zwar legen sie denselben
Weg zurück, auf dem Gott sein Volk einst in das Land hin-
eingeführt hat, das er ihren Vätern versprochen hatte. Sie
kommen von Gilgal nach *Bethel.* Hier hat Jakob auf seiner
Flucht einst den wunderbaren Traum von der Leiter gehabt, die mit ihrer Spitze bis an den Himmel reichte und
an der die Engel Gottes auf- und niederstiegen (1. Mose 28,

10—22). Von Bethel führt der Weg nach *Jericho*. Hier sah Josua beim Hall der Posaunen die feindlichen Mauern in sich zusammenstürzen (Josua 6). Es ist ein Weg voll heiliger Erinnerungen an die großen Taten Gottes. Wie wichtig, daß ein Mensch auf seinem letzten Weg von diesen Taten Gottes weiß und sich in seinem Geist damit beschäftigt! Gilgal, Bethel, Jericho — das ist für Elia dasselbe, was für uns heute die aufgeschlagene Bibel ist, ohne die wir keinesfalls sterben möchten.

Man wird bei diesem Bericht über den letzten Weg Elias auch einmal die große Kunst des Erzählers bewundern dürfen. Er malt nicht aus, was in der Seele des Propheten vorgeht. Aber durch die Wiederholung der Sätze und den Gleichklang der Worte wird Unaussprechliches zum Ausdruck gebracht. Über diesen Versen, so sagt ein Ausleger, liegt etwas von dem feierlichen Ernst und der Stille eines Sterbezimmers. Kein unnützes Wort wird zwischen Elia und Elisa mehr gewechselt. Elia rüstet sich innerlich, seinem Gott zu begegnen, und Elisa ehrt sein Schweigen. »So gingen die beiden miteinander«, aufs Scheiden gefaßt. Wo sie hinkommen, erkennen die Prophetenjünger[1]: Elia ist ein *Scheidender!* Wir sehen ihn heute zum *letztenmal* (vergleiche Apostelgeschichte 20, 25). Wie ein Leuchten der Ewigkeit muß es auf seiner Stirn gelegen sein. »Weißt du, daß der Herr heute deinen Meister über deinem Haupt entrücken wird?« so sagen sie zu Elisa. — »Ich weiß es wohl, schweigt nur still!« Die Antwort Elisas zeigt, wie nah ihm dieses Scheiden geht. Redet mir nicht davon, rührt nicht an meinen Schmerz! Ein Stück weit begleiten sie ihn noch, ihrer fünfzig, diesen mächtigen Mann Gottes, zu dem sie alle aufschauen konnten wie zu einem Vater; dann bleiben

---

[1] Mit weitschauendem Blick hatte Elia Prophetenschulen eingerichtet (vergleiche 2. Timotheus 2, 2).

sie ehrfürchtig zurück, wohl wissend, wir dürfen ihn jetzt
nicht mehr aufhalten. Und wirklich, Elia läßt sich nicht
mehr halten, auch nicht von denen, die ihm die Nächsten
waren. Er *löst* sich von allem, auch von seinem Lebens-
werk, ohne viel Worte, still und gefaßt, in der Gewißheit,
daß er nicht unentbehrlich, sondern durchaus entbehrlich
ist, weil das Werk Gottes in Bethel und Jericho und aller-
wärts nicht auf den Augen des Elia, sondern auf den Augen
Gottes steht. Es ist etwas Ergreifendes um diesen *Auf-*
bruch des Propheten, um dieses Sichlösen und alles Da-
hintenlassen! Von seinem irdischen Besitz sich zu lösen
(was vielen so schwer fällt), fiel Elia gar nicht schwer; denn
er reiste mit leichtem Gepäck und besaß nichts als den hä-
renen Mantel, den er trug, und den Stab in seiner Hand.
Aber schwer war es gewiß auch für ihn, sein ganzes Le-
benswerk dahintenzulassen, an das er seine Kraft und mehr
als einmal auch sein Leben gewagt hatte. Er tut's im Gehorsam gegen Gottes Ruf und zeigt uns damit, wie ein
Knecht Gottes seinen Platz verläßt: so, daß der Ruf Gottes
alle anderen Gedanken und Empfindungen zum Schweigen
bringt. Elia schaut nicht mehr hinter sich; er umfaßt allein
sein Ziel.

Unterdes kommen sie an den Jordan an einer Stelle, wo
weder eine Furt noch eine Brücke ist. Es ist wie eine letzte
Sperre, ein letztes Hindernis, das dem Knecht Gottes die
Heimkehr zu seinem Herrn verwehren will. Der reißende
Fluß, der hier zur Sperre wird, mag uns wohl daran erinnern, daß auch wir auf unserem letzten Gang auf solch
eine »Sperre« stoßen: den Tod, der uns den Übergang aus
der Welt ins Himmelreich versperren will. Gleicht er nicht
einem dunklen, reißenden Strom, über den keine Menschen-
hand je eine Brücke schlug? — Aber »Elia nahm seinen
Mantel, rollte ihn zusammen und schlug damit auf das

Wasser.« Er schlägt und pocht damit zugleich an Gottes Tür: Herr, führ mich hindurch und tu mir auf! Und siehe, da ist ein *Pfad* vor Elia her; die Wasser teilen sich, und trockenen Fußes geht er hindurch, wie einst Josua trockenen Fußes mit der Lade Gottes und allem Volk durch den Jordan ging (Josua 3). Der Herr, der seinen Knecht zu sich ruft, kann auch den Wassern gebieten. Wo kein Pfad und kein Steg ist, bricht er eine Gasse. Wer seinem Ruf folgt und vertraut, der braucht auch diese letzte Sperre nicht zu fürchten.

Was nun geschieht, das spielt sich eigentlich schon jenseits dieser Grenze ab, die mit dem Tod um den Bereich unsrer Erfahrung gezogen ist. Elia fordert den ihn so treulich begleitenden Elisa auf, eine *letzte Bitte* auszusprechen. »Erbitte dir, was ich für dich tun soll, ehe ich von dir genommen werde!« Bei uns ist es meist umgekehrt; wir fragen den, der im Scheiden ist, ob er nicht noch einen letzten Wunsch, eine letzte Bitte hat, die wir ihm erfüllen könnten. Elia aber hat keine Bitte mehr; all sein Sehnen und Begehren ist allein auf Gott gerichtet. So fordert er den Elisa auf, einen letzten Wunsch zu äußern. »Elisa sprach: ‚So möge mir denn ein *zwiefältig Teil von deinem Geiste* zufallen!'« Die Bitte klingt für unsre Ohren sehr unbescheiden; man muß jedoch ein Doppeltes bedenken: Sie ist nicht in dem Sinn gemeint, als ob Elisa ein doppeltes Maß des Geistes erbitten wollte, der in Elia lebendig war. Das »zwiefältige Teil« ist das Teil, das der Erstgeborene erhält, wenn der Vater sein Erbe unter seine Söhne verteilt. Er bekommt nach dem Gesetz doppelt so viel wie die andern (vergleiche 5. Mose 21, 17). Zum andern muß man die Frage stellen, ob die Bescheidenheit gerade bei dieser Bitte um den Geist Gottes unbedingt eine Tugend wäre. Gibt es in dieser Sache nicht eine grundfalsche Bescheidenheit, zumal Jesus der

Bitte um den Heiligen Geist eine unbegrenzte Verheißung gab (Lukas 11, 13)? Sollten wir nicht viel kühner hineingreifen in den Reichtum Gottes, anstatt uns mit jenen kümmerlichen Rationen zu begnügen, die heute in der Gemeinde Gottes, was den Geistbesitz anbelangt, üblich sind? — Trotzdem greift die Bitte des Elisa hoch. »Du hast Schweres erbeten.« Warum? — Darum, weil die Bitte nach dem greift, was auch Elia nicht geben kann, sondern nur Gott allein. Der Geist — das ist nichts, worüber ein Mensch verfügt, und wenn er Elia oder Paulus heißt. Er weht, wo er will! Darum sagt Elia: »Du hast eine schwere Bitte getan, die zu erfüllen nicht in meine Macht gelegt ist. Wenn du siehst, wie ich entrückt werde, wird sie dir zuteil werden; das wird das Zeichen sein, daß der Geist des Herrn über dich kommt und deine Augen wunderbar erleuchtet[1])«.

Während sie so im Gespräch dahingingen, »siehe, da kam plötzlich ein feuriger Wagen mit feurigen Rossen bespannt und trennte die beiden. Also fuhr Elia im Wetter gen Himmel.« Was es mit diesem Feuerwagen für eine genauere Bewandtnis hat, wird kein Mensch ergründen, und wir tun gut, uns aller Spekulationen zu entschlagen, zumal sich der Erzähler selbst vor jeder ausmalenden Schilderung gehütet hat. Was hier geschieht, ist und bleibt über die Maßen wunderbar und geheimnisvoll. Abgeholt wird Elia von seinem Gott und *im Triumph heimgeführt*. Noch einmal zeigt es sich, was für ein herrlicher Gott dieser Gott Elias ist, der »die Winde zu seinen Boten macht und zu seinen Dienern

---

[1]) Aus diesen Worten Elias geht hervor, daß alles Folgende, was nun erzählt wird, ebenso wahr und wirklich wie zugleich geheimnisvoll *verborgen* ist. Man muß den Geist, das heißt in diesem Fall durch den Geist Gottes erleuchtete Augen, will man die Engel sehen! Wäre — drastisch ausgedrückt — bei dieser Himmelfahrt Elias ein Reporter der Wochenschau mit seiner Kamera zugegen gewesen, er hätte nichts gesehen und nichts auf seiner Platte gehabt. Das mag für manche Leser überraschend klingen, ist aber durchaus die Meinung der Bibel (vergleiche auch 2. Könige 6, 9—23).

Feuerflammen« (Psalm 104, 4). »Elisa aber sah es und schrie: ‚*Mein Vater, mein Vater! Wagen Israels und seine Reiter!*‘ und sah ihn nicht mehr.« Was liegt nicht alles in diesem Schrei! Die große *Bestürzung* darüber, daß Elia so plötzlich von seiner Seite gerissen wird, der brennende Schmerz der Trennung; im Augenblick des Scheidens kommt dem Elisa nochmal so recht zum Bewußtsein, wieviel dieser Mann für ihn und für das ganze Volk bedeutet hat. Er ist ihm selbst ein geistlicher Vater geworden, der ihn zum Glauben führte und in den Dienst Gottes rief; für ganz Israel aber hat er mehr als eine Armee von Wagen und Reitern bedeutet. Und doch kann Elisa, auch wenn er sein Kleid zerreißt zum Zeichen, daß ihm dieser Abschied schier das Herz zerriß, nicht traurig sein. *Überwältigt,* hingerissen von dem herrlichen Ausgang, den Gott seinem Knecht bereitet hat, bleibt er zurück, und über den Schmerz der Trennung siegt die *Freude.* Es geht ihm, wie es hernach den elf Jüngern erging, als der Auferstandene vor ihren Augen entrückt wurde und gen Himmel fuhr. »Sie kehrten wieder gen Jerusalem mit großer Freude und waren allewege im Tempel, priesen und lobten Gott« (Lukas 24, 52). Wir haben Grund, in diese Freude einzustimmen mit Jauchzen über das herrliche Zeichen, das unser Gott an seinem Knecht Elia tat. Macht es doch offenbar:

Wer für Gott ins Feuer sprang,

wird auch heimgetragen!

Überblicken wir den Kampf um die Alleingeltung Gottes, den der Prophet Elia gekämpft hat und der in seiner Entrückung diesen glorreichen Abschluß fand, so werden wir tief beschämt und wunderbar getröstet. Was hat dieser Mann für seinen Gott gewagt! Mit welcher Klarheit und Leidenschaft hat er den Baal angegriffen und nicht nur mit Worten, sondern mit seiner ganzen Person und Lebensführung ein weithin leuchtendes Zeugnis dafür aufgerichtet, daß Gottes Herrschaft unteilbar ist und unsren ganzen Gehorsam fordert! Man kann das Besondere, das Elia tat, ohne Übertreibung in die Worte fassen: Er ist *für Gott ins Feuer gesprungen.* Er ist nicht der einzige, der solches tat; Elisa tat es auf seine Weise, Amos von Thekoa und Jeremia von Anathot, Daniel und seine drei Freunde im Feuerofen — es ist eine ganze Kette von Namen, und dazwischen sind viele, von denen wir weder Namen noch Schicksal wissen: lauter Menschen, die es gewagt haben, sich in dieser Welt vor den Menschen für den lebendigen Gott bloßzustellen und seine Ehre bis in den Tod zu verteidigen. Sie haben »durch Glauben Königreiche bezwungen, Gerechtigkeit gewirkt, Verheißungen erlangt, Löwen den Rachen verstopft, die Gewalt des Feuers ausgelöscht, sind der Schärfe des Schwerts entronnen, aus Schwachheit zu Kraft gekommen, stark geworden im Streit, haben der Fremden Heere zum Weichen gebracht. Andere aber ließen sich foltern, haben Spott und Geißelung erfahren, dazu Bande und Gefängnis; sie wurden gesteinigt, verbrannt, zersägt, mit dem Schwert erschlagen, gingen in Schafpelzen, in Ziegenfellen umher unter Mangel, Trübsal, Ungemach, umherirrend in Einöden und Gebirgen, in den Höhlen und Klüften der Erde (Hebräer 11, 33—38). Die *Kette der Zeugen reißt nicht ab,* sie reicht über den Täufer Johannes bis hinein ins Neue Testament, das uns den »treuen und wahrhaftigen Zeugen« des lebendigen Gottes vor Augen stellt, Jesus Christus, hochgelobt in Ewigkeit. Mit göttlicher Vollmacht ruft er die Herrschaft Gottes aus: »Ich bin gekommen, ein

Feuer anzuzünden auf Erden. Was wollte ich lieber, denn
es brennete schon!« (Lukas 12, 49.) Es wollte nicht brennen;
sie haben ihn verlacht, gebunden, aufs Haupt geschlagen.
Da faßte er sein Kreuz, gehorsam bis zum Tod, und tränkte
die Erde mit seinem Blut. Und sieh, aus diesem Sterben er-
wächst eine reiche Frucht! Um den Auferstandenen schart
sich eine Gemeinde, die keine Drohung und Verfolgung mehr
zum Schweigen bringt, und wieder bildet sich eine Kette von
Zeugen, die ihr Bekenntnis zu ihrem Herrn mit der Treue
bis in den Tod versiegeln: Stephanus, Jakobus, der Bruder
des Johannes, Petrus, Paulus, Ignatius und Polykarp und
mit ihnen Ungezählte bis in unsre Gegenwart; lauter Menschen, die für den lebendigen Gott und seinen Christus Jesus durchs Feuer gingen. Was für ein Volk, was für ein'
edle Schar!

Ein Christ sein, das heißt ein *Glied in dieser Kette* sein.
Gewiß nicht jedem wird die Gnade und Aufgabe des Mar-
tyriums zuteil, es gibt auch andere Feuerproben, z. B. ein
klaglos erlittenes Leiden, in dem der Glaube wie das ver-
gängliche Gold durchs Feuer geläutert wird (1. Petrus 1, 7);
aber dies Eine gehört auf jeden Fall zum Christsein, daß
wir heraustreten aus dem Winkel, wo ein Mensch nur seinem eignen Behagen lebt, die Ehre Gottes zu unsrer Sorge
machen und sie verteidigen, den Namen Christi bekennen
und uns seiner nicht schämen vor jedermann. Weniger tut's
nicht! Wir sollen es wagen, uns in dieser Welt ruhig für
unsren Gott *bloßzustellen,* auch wenn wir uns dabei vielleicht gehörig die Finger verbrennen. Fackeln braucht und
sucht er und nicht nur Rentner, die von seiner Gnade leben,
Fackeln, die für ihn leuchten und niederbrennen. Elia war
eine solche Fackel Gottes zu seiner Zeit, und dazu erzählt
uns die Bibel seine Geschichte, daß wir selbst an dieser
Fackel Feuer fangen. Wollen wir das, ein Knecht, eine

Magd Gottes sein, ein Zeuge seiner Kraft und Herrlichkeit, ein jeder mit den Gaben, die ihm gegeben sind, und doch so, daß wir zugleich nach den größeren Gaben trachten, die uns versprochen sind und deren wir so dringend bedürfen? — Wer dazu ja sagt, der braucht sich nicht zu sorgen, wie's enden wird. Herrlich bekennt sich der Herr zu dem, der sich zu ihm bekennt. Wer für ihn ins Feuer springt, wird auch heimgetragen.

Wohl mag es uns, wenn wir von der Himmelfahrt Elias hören, wie jenem Kind ergehen, das zu seiner Mutter sagte: »Ach, ich möchte auch wie Elia ‚ungesterbt' in den Himmel kommen!« Auch der Apostel Paulus hat diesen Wunsch gehegt (vergleiche 2. Korinther 5, 4). Aber ist es so sicher, daß wir sterben? — Keineswegs. Die letzten Christen werden nicht mehr sterben; sie werden entrückt dem Herrn entgegen, um ihn, der wiederkommt in Kraft und Herrlichkeit, einzuholen (1. Thessalonicher 4, 17). Wer auf ihn wartet mit brennender Lampe, wie uns befohlen ist, der wird auch mit dieser Möglichkeit in seinem Leben rechnen. Selig sind die Knechte, die der Herr, so er kommt, wachend findet! Und wenn wir sterben müssen, ehe er wiederkehrt — was gilt's? Es ist nur um ein Stündlein Schlafs zu tun (Luther). Dann wird sich's zeigen, daß der Tod an die Knechte Gottes kein Recht mehr hat, seit Jesus Christus auferstand und gen Himmel fuhr.

> Dann wird der Tag erst freudenreich,
> wenn uns Gott zu sich nehmen
> und seinem Sohn wird machen gleich,
> als wir denn jetzt bekennen.
> Da wird sich finden Freud' und Mut
> zu ew'ger Zeit beim höchsten Gut.
> Gott woll', daß wir's erleben!

Ewiger Gott und Vater, Du hast Deinen Knecht Elia heimgeholt in Deine Herrlichkeit; laß uns, die wir noch unterwegs sind, daraus die gewisse Zuversicht schöpfen, daß auch wir eine Heimat im Himmel haben. Mach uns standhaft und treu im Bekenntnis Deines Namens, hilf uns einen guten Kampf kämpfen und unseren Lauf siegreich vollenden. Wir danken Dir für alle, die Glauben gehalten und überwunden haben; wir danken Dir für die Wolke der Zeugen, die uns umringt. Laß uns die flüchtige Zeit, die uns gegeben ist, wohl auskaufen, lehre uns beizeit unser Haus bestellen und gewähre uns, wir bitten Dich um Jesu Christi willen, die Gnade, daß wir in unserem Sterben den Himmel offen sehen. Amen.

Lichter des Himmels inmitten der Welt

Reden über den Brief des Paulus an die Philipper

84 Seiten, engl. brosch. DM 3.50, Leinen DM 4.50

Der Philipper-Brief spricht uns unmittelbar an als ein ganz persönliches Zeugnis eines in tiefes Leid geführten Boten Jesu von einer unerschütterlichen, jeder Lage gewachsenen, vielmehr überlegenen Freude. Die Auslegung von Helmut Lamparter stellt den Grund und die Kraft der Glaubensfreude des Apostels Paulus klar und stark heraus und zeigt den Philipperbrief von einer neuen Seite als ein Wort von der Weltsendung der Gemeinde, vom Alltagsberuf der Christen, »Lichter des Himmels mitten in der Welt« zu sein: genau dem Gang des Textes folgend, ganz hingegeben an die Sache, aber zugleich der Gemeinde der Gegenwart, ihrer Lage und Aufgabe zugewandt in einer meisterhaft knappen, klaren und bildhaften Sprache. Hier spricht und schreibt ein grundsolider theologischer Lehrer und zugleich ein erfahrener Christ und Pfarrer, dessen Führung man sich gerne anvertraut.

Landesbischof D. Martin Haug

Von des rechten Glaubens Trost

Reden über das 11. und 12. Kapitel des Hebräerbriefes

86 Seiten, engl. brosch. DM 3.50, Leinen DM 4.50

Der Verfasser gibt eine klare Antwort auf die viel diskutierte Frage: »Glauben, wie macht man das?« Doch es geht ihm nicht darum, diese Diskussion um den Glauben weiterzuführen. Eine Diskussion, die letzten Endes fruchtlos bleiben wird. Lamparter möchte den Menschen weiterführen, dorthin, wo er des Glaubens Kraft und Trost erkennen kann. In der Einübung und im Durchhalten, so weiß es der Verfasser aus seiner Glaubenserfahrung, findet er beides. »Im Läufer, der mit standhafter Ausdauer über die Strecke geht, hat der Glaubende sein Gleichnis.« Und wer es noch genauer wissen will, der lese diese Schrift und gehe bei dem Verfasser in die »Glaubensschule«.

Pfarrer Brandes in »Homiletische Monatshefte«